U0866435

交易心理分析与对策

宋志强　著

地震出版社
Seismological Press

图书在版编目（CIP）数据

交易心理分析与对策/宋志强著．—北京：地震出版社，2021.8
ISBN 978－7－5028－5223－8

Ⅰ．①交…　Ⅱ．①宋…　Ⅲ．①证券交易－市场心理学　Ⅳ．①F830.91

中国版本图书馆 CIP 数据核字（2021）第 083119 号

地震版　XM4666/F(6069)

交易心理分析与对策

宋志强　著

责任编辑：范静泊

责任校对：凌　樱

出版发行：地震出版社

北京市海淀区民族大学南路 9 号　　邮编：100081
发行部：68423031　68467991　　传真：68467991
总编办：68462709　68423029
证券图书事业部：68426052
http：//seismologicalpress. com
E-mail：zqbj68426052@163. com

经销：全国各地新华书店
印刷：北京广达印刷有限公司

版（印）次：2021 年 8 月第一版　2021 年 8 月第一次印刷
开本：710 × 1000　1/16
字数：136 千字
印张：9.75
书号：ISBN 978－7－5028－5223－8
定价：50.00 元

前　　言

> 人生而自由，却无往不在枷锁之中。
>
> ——让·雅克·卢梭

假如“天道酬勤”是颠扑不破的定律，世界上所有的努力最终都得到了回报，那么金融市场上大发其财的人，简直可以车载斗量了。可惜这话并不灵验，表现在金融市场，尤其如此。在金融市场上，更为普遍的现象是，随着努力程度的增加，好多人的业绩不仅没有提高，反而明显下降了；一切的努力，看上去倒更像是一种不服输、不认命的“挣扎”。

经历了一番“头悬梁、锥刺股”，却总也不见起色，这件事搁在谁身上，也会倍感郁闷的。难道是努力还不够，诚意还不足？于是，不甘心之余，有些交易者更加刻苦了。他们找来了更多的资料，一个猛子扎了下去。照这样循环往复下去，简直就没有出头之日了。

有些人就是这样，一旦陷入某个思维误区，就会一条道走到黑，纵然撞了南墙也不回头。他们宁愿终日昏天黑地瞎琢磨，也不会想想努力的方向会不会出现偏差。不难想象，假如走的方向本身就存在问题，甚至南辕北辙，又怎能期望好的结果？

对于病人来说，要想治好病，首先要探明病因。打个比方，同样是“发烧”，原因可能是不一样的，既有可能是单纯的感冒，也有可能是某些器官有了炎症，或者是别的什么原因造成的。针对病因的不同，开的药也就不同。只有对症下药，方能药到病除。否则，轻者症状不见缓解，重者病情反而加深了。同样道理，知道自己在交易方面存在问题，开了“药方”却总也不见效，“病情”不仅没有缓解反而加重的时候是不是也该反省一下：有没有可能“误诊”呢？

对于交易者而言，自始至终总是盈利或者总是亏钱都是极其罕见的，更为普遍的情形是时赚时亏的。如果将业绩曲线比喻为山地的起伏，那么我们不难看到：一部分人好像一直在走下坡路，中间虽然也有盈利，不过总体趋势却是向下的；另有一部分人尽管总体趋势看起来是向上的，可很不幸，走着走着就遭遇了“断崖式”的坠落。不管这两者中间的具体过程怎么样，他们都殊途同归：最终总也赚不到钱。

尽管总也赚不到钱，可对这个市场彻底绝望的人倒也不多。许多交易者都有这样一种感觉：自己“距离成功也就差了那么一点点”，以往的结果固然叫人沮丧，可也并非一无是处，看起来还有改善的空间，只要改正了其中的瑕疵，成功仍然大有希望。当真如此吗？平心而论，对许多交易者来讲，距离成功的确也就是“一步之遥”了，然而想要跨越这“一步之遥”需要耗费多大的精力？又有多少人能完成跨越呢？这恐怕才是问题的核心，其中具有非常大的不确定性。对许多人来讲，可能无论怎么努力，最终也还是难以跨过这“一步之遥”。

这“一步之遥”的差距究竟是什么呢？是交易策略的掌握还差点火候还是心态出了问题？这是一个非常关键的问题。为数众多的交易者认为，交易策略、技术分析之类需要精益求精，另一些人则认为良好的心态更为关键，那么，实际情形又是怎样呢？

在交易者遇到的种种问题中，当然不能武断地说必然没有交易策略掌握差点火候这方面的原因。不过，对于绝大多数人来说，表面看起来是交易策略的问题，往往最终还是会落到心态方面。

如果交易者不从自身寻找原因，很快就会发现，交易策略、技术分析简直就是“无底深渊”，你想象有多深奥就有多深奥，你感觉有多复杂就有多复杂。随着学习的不断深入，交易者会发现，每一根 K 线、每一条均线，乃至那些五花八门的指标、形态，无一不充满了令人费解的“微言大义”。照着技术分析的路数狂奔下去，即使研究得头昏眼花，最终也许还是一无所获。

尼尔·韦恩特劳说得好：除非你能够掌握自己，否则不可能掌握市场。在金融交易的世界里，交易者面临的最大敌人不是别人，正是自己！心态的问题，牵涉到人性、心理诸多层面，会直接影响到交易者的行为。

当一个交易者认真反思自身的问题，并且有所领悟的时候，也就不难发现：以往看似深奥的技术、策略并不难掌握，

呢？这恐怕才是问题的核心，其中具有非常大的不确定性。对许多人来讲，可能无论怎么努力，最终也还是难以跨过这“一步之遥”。

这“一步之遥”的差距究竟是什么呢？是交易策略的掌握还差点火候还是心态出了问题？这是一个非常关键的问题。为数众多的交易者认为，交易策略、技术分析之类需要精益求精，另一些人则认为良好的心态更为关键，那么，实际情形又是怎样呢？

在交易者遇到的种种问题中，当然不能武断地说必然没有交易策略掌握差点火候这方面的原因。不过，对于绝大多数人来说，表面看起来是交易策略的问题，往往最终还是会落到心态方面。

如果交易者不从自身寻找原因，很快就会发现，交易策略、技术分析简直就是“无底深渊”，你想象有多深奥就有多深奥，你感觉有多复杂就有多复杂。随着学习的不断深入，交易者会发现，每一根 K 线、每一条均线，乃至那些五花八门的指标、形态，无一不充满了令人费解的“微言大义”。照着技术分析的路数狂奔下去，即使研究得头昏眼花，最终也许还是一无所获。

尼尔·韦恩特劳说得好：除非你能够掌握自己，否则不可能掌握市场。在金融交易的世界里，交易者面临的最大敌人不是别人，正是自己！心态的问题，牵涉到人性、心理诸多层面，会直接影响到交易者的行为。

当一个交易者认真反思自身的问题，并且有所领悟的时候，也就不难发现：以往看似深奥的技术、策略并不难掌握，更没有任何神秘之处；以往那些无论怎么对焦也依然模糊的“影像”，通常也会在心态平和的时候，变得清晰起来了。

找出原因，交易中的困扰是不是就可以迎刃而解了？很遗憾，通常的情形是，即使意识到了自身的问题，即使暂时改正了，过一段时间依然积习难改，故态复萌，这是人性的弱点使然，也是人之常情。

其实在交易中，不急不躁恪守规则才是正道。在本书中，笔者将以刨根问底、抽丝剥茧的方式与你一同探讨交易心理与应对策略，希望其中的只言片语能起到抛砖引玉的作用，引发你对自己的交易风格的思考，进而改进、提高自己。

祝读者朋友交易成功！

目　　录

第一章 交易者的“原罪”

心态变坏容易，向好难。对交易者而言，这是一种“先天”的劣势。影响心态的“地心力”并非空穴来风，而是有着深刻背景的。

在交易中，曾经发生过、以后依然还会发生许多悲剧性事件，究其根源，大都是由于缺乏自知之明。“交易者要想变得有自知之明，就必须彻底审视自己进入市场的原始动机。

第一节 进入市场的“原罪”

基督教义认为：人是有“原罪”的。究其原因，犹太先哲在《圣经》创世纪中是这样讲述的，上帝创造了天地、海洋、动物、植物之后，又根据自己的样子，创造了人类的始祖亚当。后来看着他一个人生活孤孤单单的，就趁他熟睡之际，从他身上抽出一根肋骨，做成了夏娃。

上帝把他俩安排住进了伊甸园，并且郑重告诫他们，园里的所有东西都可以吃，唯独不能吃种在园子中心那两棵树上的果实。那两棵树，一棵是“智慧之树”，另一棵为“生命之树”。亚当和夏娃谨遵告诫，过着无忧无虑的生活。

直到有一天，撒旦怂恿夏娃说，“智慧之树”上的果实，并不是真的不能吃，只是上帝不想让你们跟他一样聪明罢了。听信此言，夏娃就吃了那棵树上的果实。不仅如此，她还摘下果实，让亚当也吃了。吃了果实之后，他俩才发现，自己居然是赤身裸体的。在羞耻心的驱使下，他俩赶忙用无花果树叶遮住了自己。

过了不久，上帝来到伊甸园，发现他俩躲进了树丛，疑窦顿生，厉声责问，为什么要躲起来？他俩回答，因为赤身裸体，不好意思见人。上帝马上就明白他俩违犯了禁令，吃了“智慧之树”上的果实。上帝很生气，又害怕他俩管不住自己，再去吃“生命之树”的果实，那样就可以长生不老了，于是果断将他俩逐出了伊甸园。从此，人类不仅永远失去了无忧无虑的乐园，并且一出生，就与生俱来地带上了“原罪”的印记，这种“原罪”会把人类引向深渊，也成了人类一切罪恶滋生的根源。

基督教的这种说法后来在伊斯兰教义里也有体现，在《古兰经》的开篇部分也有如出一辙的讲述。值得深思的是，“人之初，性本恶”也不只是这两大宗教的共同认识。其实在全世界范围内，与之类似的观点屡见不鲜，我国早在战国时期，儒家的重要代表荀子也认为“人之初，性本恶”。

持有这样的观点，究竟有何用意呢？主要是困惑于人类何以会表现出种种罪恶，想要探究背后的“劣根性”；同时也是为了劝诫人们加强后天的修养，从而达到“弃恶从善”的目的。

“人之初，性本恶”，这种说法跟交易又有什么关系呢？我们是不是扯得有些远了？其实并不远。对于交易者而言，这个故事也是一则绝好的隐喻。换个视角来看，那些热衷投机的交易者，之所以犯下种种错误，并且屡错屡犯，会不会也是携带了“原罪”的缘故呢？许多交易者“原罪”的起源倒不是吃了“智慧之树”的果实，而是吃了“贪婪之树”的果实。

为什么说选择做投机交易的人，都是吃了“贪婪之树”的果实？凡是对期货市场略有了解的人大概都听说过这样一组统计数字吧：在所有参与交易的人中，大约有90%都是亏损的，大约有5%可以勉强持平，只有不到5%能够最终盈利。这是一组多么令人沮丧的数据啊！但凡有些理智的人，恐怕都不免不寒而栗。想想看，面对这样的一组数据，还是有人毅然决然地跳进这个“火坑”，说他们是吃了“贪婪之树”的果实，难道还算冤枉吗？正所谓：“天堂有路你不走，地狱无门自来投。”

毋庸讳言，很多进入市场的交易者的原始动机都具有不同程度企图“一夜暴富”的想法。他们看中了期货交易的杠杆，妄想用它来撬动财富之门，妄想以尽量短的时间实现财务自由。这种动机有什么不妥吗？如果单纯从道德与法律的层面来讲，这并没有什么不妥，可要从现实运作的层面来看，就未必妥当了。这样的动机，必然导致心态方面的“先天性不足”。

进入市场交易，注定就是在走一条崎岖的险路。风险与利益是一把双刃剑，那些只看到风险，看不见利益的人，固然可以说有些保守；而只看到利益，对风险或多或少估计不足，却也是大多数交易者身上存在的通病。在一个绝大多数人都会赔钱的市场，凭什么你认为自己是能够赚钱的幸运儿，而不是亏钱的大多数呢？到底算是自信，还是自负呢？在交易之前，这些人到底有没有把困难想清楚呢？真实的情形是：许多人被自己幻想出来的美丽前景亮瞎了眼睛，与此同时，又讳疾忌医，将负面信息选择性地屏蔽掉了，似乎自己不看、不听、不想这些信息，它们就不会困扰自己了。

期货市场的确是个能够创造奇迹的地方。可如果有谁被这种奇迹眩晕了眼睛，产生不尽合理的预期，前景恐怕就不见得美妙了。须知，一将成名万骨枯，能够创造奇迹的，毕竟只是少数人。否则人人都能做到的，又怎么能叫“奇迹”呢？津津乐道这些奇迹的时候，请务必想想这样的事实：期货交易是一个“零和游戏”。这意味着，交易者赚的每一分钱，都是从其他交易者手里抢过来的。那么问问你自己：你有何过人之处，能抢得过别人？

期货市场其实是个险象环生、步步惊心的地方。是否进入？明智的做法，首先要看看自己具备不具备条件，要看看能不能亏得起？如果风险是你难以承受的，那么最好三思而后行。这一点绝非危言耸听：这个市场不仅可能叫人亏损，还可能叫人亏得血本无归。如果你根本承担不了亏损的后果，还是再冷静地想想吧。

“明知山有虎，偏向虎山行”。投资市场从来都不乏“逆行者”。有一部分交易者可谓“资金少、底子薄”，抗风险的能力极弱，可他们照样义无反顾地进来了。他们何苦要冒这么大风险呢？主要还是“改变现状”的渴望过于强烈，以致彻底战胜了对于风险的恐惧。他们信奉“王侯将相宁有种乎？”“富贵险中求”。看起来，他们是一群不信邪的人，是一群来者不善的人；他们不愿屈服于命运的摆布，为了能让自己“咸鱼翻身”，他们当然不会轻举妄动，通常也会把准备工作做得很充分、细致，以为这样老天爷就会眷顾他们了。可惜这种想法只是他们的一厢情愿。经济实力的捉襟见肘总是会给他们造成巨大的压力，并进而扰乱他们的心理，自然交易也就不会有什么好结果。他们的一番努力，往往也就染上了几分悲剧性的色彩。

当然，进入市场的交易者也不全都捉襟见肘，也有经济实力比较雄厚的。可惜通常的情形是，一旦手里的资本雄厚了，人也就变得胆肥气壮，往往一出手就是“大手笔”，如此一来，手里的“一把好牌”经不起几次折腾也就输得精光。

总之，不管是什么背景来到这个市场，只要怀揣着“一夜暴富”的想法，那就是吞吃了“贪婪之树”果实的人，在心理上就会处于“劣势”，也就很难成为赢家。

第二节
渴望自由的生活

每个人的理想生活模式是不尽相同的。有的人为了追逐名利不惜奴颜婢膝，有的人则更向往一种无拘无束的生活。在忍耐了多年之后，陶渊明撂下一句“吾不能为五斗米折腰，拳拳事乡里小人”，毅然决然辞官隐居了。说走就走，这样的勇气确实令人钦佩。

古往今来，“追求自由”是一个永恒的主题。为了自由的缘故，许多人选择了自主创业，他们天真地以为自己做自己的主人要比为别人打工强多了。然而自主创业真有那么惬意吗？这需要场地、人员以及其他物质条件的配合，才能把业务开展起来。不仅如此，运转业务的同时，还需要跟整个产业链的上下游搞好关系，还需要跟相关的监管部门打好交道，这个过程又是多么地繁复？到头来，这些人真地获得自由了吗？看起来，只不过是换了另外一种束缚方式罢了。业务进展得顺利还好，如果不顺利，恐怕他们还要承受更大的心理压力。

同样是为了自由的缘故，有的人选择了交易。我们再来看看，这又是怎么样的一种状态？诚如亚历山大·埃德尔所言，“交易者十分自由，可以在全球任何一个地方生活、工作，可以对日常事务充耳不闻，可以不理任何人”。这就是说，只要资金够用，你就可以进入市场，并没有谁约束你；如果你愿意，也可以不与任何人打交道。

经过了一百多年的发展，现代的交易模式已经大大简化了。得益于电子化撮合和互联网普及，现在的交易者坐在家里，只需要一台联网的电脑，看着行情，敲几下键盘就可以了。效率如此之高、过程如此简单。如果交易顺利，一个水平尚可的交易者所能创造的财富足以匹敌一个小型，乃至中型企业。可是他们的付出呢？相比经营实体而言，则要小得多。假如事事顺利，试问还有哪种工作比这更惬意、更自由？

前面我们讲过，许多交易者是冲着“一夜暴富”的机会而来的；不过也有相当多一部分人看中的则是这个市场运作方式的高效、灵活，这样就可以拥有最大限度的自由。在这部分人的内心里，有谁没有做过这样的美梦呢？这是一个事关“自由”的梦，在梦里，交易者实现了财务自由，过上了无拘无束的生活，没有了复杂的人际关系，更不必去迎合领导、看谁的脸色，如果交易一切顺利，该有多好啊！遗憾的是，交易表面看起来的这种自由、随性，完全就是个假象，这只是整个真相的冰山一角。如果有谁是冲着“自由”而来的，那么随着交易的深入，市场残酷无情的一面很快就会让他大失所望。尽管这里没有多少外在束缚，却是险象环生、步步惊心的，与此同时，交易者内心的煎熬，也一点没有减少。

卢梭曾经不无感慨地说：“人生而自由，却无往不在枷锁之中。”交易中的自由同样也是不存在的，约束只是换了个形式而已。市场绝不是什么桃花源，也不是理想国，交易者的一切行为都必须符合一定的规范。从某种意义上讲，做好交易就是要让交易者放下身段，学会看行情的脸色。

毫不夸张地讲，交易中的约束无处不在。如果不能适应这种境况，用不了几天，交易者就会感到苦不堪言。进入市场，原本是为了享受无拘无束、自由自在的生活，并借此而实现财务的自由，可没曾想，真正交易起来却陷入了一片深不可测的沼泽。情何以堪？其中的郁闷是可想而知的。这时交易已经没有任何乐趣可言，彻底变成了无边无际、无时无刻的心理磨难。交易者不仅感受不到丝毫的自由，反而觉得自己的思维、情感、情绪都被一种无形的东西牵着鼻子走。他们已经沦落成了情难自控、身不由己的奴隶！

这绝非危言耸听，可以肯定地说，顺应本性的交易是很难盈利的，稳定盈利所需要的心理状态，在大多数的情况下，都是逆人性的。这就会让一个没有经过磨炼的人感觉极不舒服。为了稳定盈利，交易者不仅不能随心所欲，而且还要给自己立一些规矩；立下规矩之后，还要严格地加以执行。为此，交易者必须要有强烈的规则意识，学会自我约束、自我管理。

没有人管你，你需要自己管自己。有一天，你也许会发现，这恐怕是世界上最难办的一件事情。我们不妨想一想，从小到大，当没有别人约束我们的时候，我们是不是都能够坚守自己立下的规矩而不见异思迁？诸如：你制定的练习书法的计划、锻炼身体的计划、减肥塑身的计划、戒烟戒酒的计划，在没人监督的条件下，是否都执行到位了？还有：在走到十字路口的时候，你是不是总会停下来，一直等到绿灯亮了才过马路？在你自己开车的时候，有没有严格执行诸如限速、虚实线、禁止停车之类的规定？这些固然都是一些小事情，不过一个人有没有注意到这些细节，并且严格地遵照执行，这就反映了一些根深蒂固的习惯问题，同时也反映出这个人有没有良好的“规则意识”。

如果你一向就是个随随便便的人，总是违反自己制定的计划；与此同时，你也总是图自己方便，有意无意地枉顾社会上的各种规章制度；甚至于，总是习惯走后门、拉关系，从而为自己谋取一些规则之外的利益，那就说明你的“规则意识”并不强，甚至根本就没有“规则意识”，在交易中又怎么能保证自己不闯红灯呢？

当然，“规则意识”不强也不说明这个人的道德水平有多坏，这是另外的一个问题，超出了我们讨论的范畴。我想说的是，如果这种随心所欲的、散漫的行为模式一旦延续到交易中，交易者一定会遭遇一些麻烦的。

如此看来，在一个没有外在力量约束的世界里自由驰骋倒未必是好事情了。在交易中，交易者只有严以律己、坚守规则才有可能取得成功。而这一切，恐怕都有悖于当初追求“自由”的初衷。如果你确实也是冲着“自由”而来的，你真地需要重新考虑一下了。

第三节
以自我为中心的危害

不论是想着“一夜暴富”还是向往一种无拘无束的生活，只要稍加分析就不难看出，这些想法都具有程度不同的“脱离现实”的倾向。典型的“脱离现实”者往往沉溺于自我的世界不能自拔，会有意无意地忽略现实的真实状况，一切都以自我为中心。这也是许多交易者先天具有的一种心理倾向。

从某种角度来看，我们可以将交易理解为交易者与市场之间的互动。既然是互动，这就涉及如何定位以及处理好交易者与市场之间的关系。市场永远处于强势地位，有独特的运行规律。与之相处，交易者必须学会低声下气、处处陪着小心。千万不要指望市场会照顾你的情绪！谁想要从市场那里获取利益，哪怕只有一点点，首先就要学会察言观色，一切行为唯市场马首是瞻！

这对交易者意味着什么？意味着必须学会放弃“自我”，进入到“无我”的境界。换句话说，交易者越是没有自己，越是只有市场，就越能与市场合拍。这一点，恰恰是许多交易者内在的禀赋所不能够容忍的。试想一下，既想着“一夜暴富”，又有着对于“自由”的渴望，显而易见这些人原本就不愿意做现实世界的“顺民”，难道来到交易的世界一转身，他们竟会变得“逆来顺受”吗？应该不会，所谓“江山易改，本性难移”。

以自我为中心是一种人格缺陷，在社会交往当中，通常会遭遇到很大的问题。以自我为中心也是一种情商比较低的表现，常常忽略了外在的环境等因素，只是一门心思地要让自己得到满足。那么，以自我为中心主要有哪些表现呢？

（1）很少关心别人，与他人关系疏远。这种人时时处处都从自己的感受出发，好像人人都要围绕着他转似的；他们很少会设身处地替别人着想，对人没有丝毫的热情。这样就很容易造成人际关系的疏远。因为，人际交往是以互惠为条件的，所谓“人人为我，我为人人”。对于以自我为中心的人来说，只想要别人关心，却不想更多地付出；为了满足自己，处处维护自己的自尊，这样就很容易造成与其他人某种程度的对立。最终他们不得不将自己与外界隔离开来，处于自我封闭、自我隔绝的状态。

（2）固执己见，唯我独尊。这种人只以自己的立场与观点出发，而不能从客观的、他人的立场和观点认识事物。比如：当自己的汤是热的时候，他们就认为别人的汤也是热的。不仅如此，他们还总是以自己的态度作为别人态度的“向导”，希望别人始终与自己保持一致，甚至有时候，即使明知别人正确，也不愿意改变自己，接受别人。这样一来，他们也就难以从态度、价值观的层次上与别人进行正常、友好的交往。

（3）自尊心过强，过度防卫，有明显的嫉妒心。这种人有非常强的自尊心，不仅在大是大非面前，即使在非常小的事情上，也不愿一丝一毫损伤个人自尊；他们强烈地维护着自己，因此不希望、不愿意别人在任何方面超过自己；他们对别人的成绩、成功总是心怀妒忌，对别人的失败则会幸灾乐祸，不愿意向别人提供任何有益的帮助。

需要说明的是，以自我为中心与自私自利并不是一个概念。以自我为中心者不能与人良好地互动，伤及的并非对方的利益，而是对方的心理感觉，或者双方的长期关系。在感知别人的态度方面，以自我为中心者的意识并不那么明显。换言之，有时候他们知道自己的行为可能会伤害别人，有时候却不那么清楚自己行为的后果。可是无论怎样，只要他们决定之后，就会一意孤行，甚至在遭受批评时也会理直气壮地说：“我就是这样的人，没办法。”

有人可能忍不住要问了，我们是在探讨如何做交易，这跟为人处世有什么关系呢？是不是又扯远了？其实并不远！人的行为方式具有一定的惯性，一个人有什么样的习惯模式，也必然会将这种习惯带到其他方面，这其中也包括“交易”。如果交易者不能与其他人很好地互动，又怎么能指望他跟行情会有很好的互动呢?这应该也是一脉相承的。

如果交易者有以自我为中心的毛病，那么在与市场相处的过程中也难免会使使性子，一旦遭受挫折也必然会感到憋屈。这就恰如一个不懂事的小孩子时时处处都难免举止失当一样，在交易的时候，他们往往只想着自己痛快一时是一时，全然忽略了市场的威力，这种行为就叫“不识时务”。市场又怎会理会这一套?当交易者忤逆它的时候，轻者会交一笔不菲的学费，重者会被一计重拳打倒在地，让你再也爬不起来。

对以自我为中心的交易者而言，过于关注自己的目标、忽略市场本身的节奏带来的危害也是不言而喻的。打个比方说，当一个人时间不够用，又非要准时赶到目的地的时候，这个人会选择最为便捷的路线一路狂奔，假如这个人的“规则意识”又不是很强，不难想象，遇到红灯的时候他大概率就可能直接穿过马路了；遇到障碍的时候，也别指望他会绕道，他大概率地就可能直接跳跃过去了。这是一种典型的“不管白猫黑猫，抓住耗子就是好猫”的投机心理。正因如此，也使他们很难从容地观察脚下的路面会不会埋伏什么潜在的风险。

不仅如此，他们往往还会给自己定一个很高的目标，很容易滋生完美主义，如此一来就会发生与市场要求相悖的行为，因此而遭到市场的惩罚。

以自我为中心者常常也缺乏应有的耐心，往往在时机不够成熟的时候，饥不择食似的乱做一气。行情并不是均匀地按照某种节奏运行的，有时候表现比较好，有时候表现比较坏；这就要求交易者要学会顺应它，而不是自顾自地只想自己的事情。比如：在行情低迷、活跃度不够的时候，就应该降低频率，甚至完全不交易，这样才能免受伤害。可如果交易者只想着达成自己的目标，也就很难老老实实地按兵不动了。不采取任何行动会叫他们心痒难禁的……

以自我为中心是一种人格缺陷，而在交易中碰壁后，他们又会陷入懊恼和痛苦之中，不可自拔，从而诱发抑郁症、焦虑症等心理疾病。想要矫正这种缺陷，就要加强自我修养，学会控制自我的欲望与言行；应该正视社会现实，学会礼尚往来，在必要时做出一些让步；学会尊重、关心、帮助他人，这样才能获得别人的回报，从中体验到人生的价值与幸福。对于交易中的以自我为中心者，则要谨记市场中唯一的真理：行情永远是对的，交易者要无条件地服从市场！

第四节 压力是自寻烦恼

做交易之初，有许多人会把前景想得过于美好，一旦遭遇损失，现实与理想之间的落差又让他们迅速坠入恐惧的深渊难以自拔。恐惧心理具有异常强大的“吸附力”，使人紧张、不安，难以保持应有的镇定与专注，而这又会进一步导致行为上的瞻前顾后、顾此失彼，这样不仅应有的水平难以正常发挥，而且还会造成更多的失误。

凡在驾校学过驾驶的人可能都有这样的一些经验，如果你遇到一位比较严格的师傅，那么你难免就会在情绪上对他产生一些敬畏。一开始，由于你对许多技术要领还不是很娴熟，师傅也就会时常纠正；纠正得多了，如果你还继续犯同样的错误，师傅就会很不耐烦，免不了就会加重语气斥责你；这会对你产生一种无形的压力，你的专注力也难免会受影响，很大的一部分精力都会不知不觉地用于防范出错。可奇怪的是，你越是害怕出错、防止出错，你就越容易出错。这个时候的犯错倒并不一定是你没掌握技术要领，而是紧张使然。

何以证明呢？如果某段时间师傅临时有事下车去了，尽管驾校明文规定，教练不允许离开工作岗位，不过这种事情几乎难以杜绝。他一消失，你的压力马上就会得到释放。一旦没了压力，这个时候你常常会发现，那些难以掌握的动作，很快也就领悟了；许多做不到位的动作，马上也做到位了。即使是一些很难掌握的动作，如果跟其他学员一起切磋交流，也常常比师傅教的更容易领悟。

交易的时候也是一样的道理。如果你感受到的压力过大，一旦发生的亏损是你的经济能力难以承受的，那么无论你真实的交易水平如何，你都会分出来很大一部分精力用于防范亏损。这种消极的心态在瞬息万变的市场当中肯定不利于交易水平的发挥。你越是害怕亏损、患得患失，就越容易导致亏损，真是“怕什么，就来什么”。

恐惧从本质上来说是一种自我防卫机制，是人的一种本能反应。在人类的进化过程中，这种本能反应曾经保护人类有意识地避开许多危险与伤害。毫不夸张地讲，如果一个人缺乏恐惧感，几乎很难生存下去。不妨试想一下：如果一个人听到恶狗的叫声、看到飞驰的汽车或一个精神失常的疯子胡乱地挥舞着大刀，居然也不知道害怕、也不赶紧避让，将会带来怎样令人吃惊的后果？

也正因恐惧是一种本能反应，克服起来也就会有一定的难度。这就是说，这不是交易者给自己壮壮胆子、告诉自己不要害怕就可以不害怕的。试想一下，如果让你站到悬崖边上，面对着万丈深渊，告诉自己手心不要流汗、两腿不要发抖，难道手心就不流汗、两腿就不发抖了？对于绝大多数的人来讲，这是根本做不到的。做交易时，交易者所感到的恐惧也与之类似。

不过，压力大归大，某种程度上这也是交易者自找的，而并非天然形成的。这话怎么讲？但凡是自主做交易的，都是交易者自己的选择。难道有谁拿着手枪逼着你，非要你去做吗？有些人明明经济条件拮据，并不具备交易期货的条件，却偏偏硬凑钱，甚至借钱也非要去做，这种不识时务的行为，恐怕只能称之为“利令智昏”了。

2010 年 4 月 16 日，沪深 300 股指期货正式上线交易，中金所设置了一道保证金需要 50 万元人民币的开户门槛。尽管规定是这样的，平时交易的账户里面却并不需要时时刻刻都保持有 50 万元，日常交易一手合约十几万元也就够了，那怎么证明账户里面有 50 万元呢？只要开户时交易账户有一条曾经入资 50 万元的记录就可以了。

有些交易者想做股指期货，可又凑不够 50 万元，怎么办呢？

于是有一些嗅觉敏锐的商家趁机做起了“配资”生意。具体步骤是在其他手续都准备妥当之后，当事人只要把自己的资金账户密码和银行卡暂时都交给配资公司，然后配资公司把50万元打进当事人的银行卡，再通过银行卡给当事人的交易账户转入50万元，紧接着再把这50万元顺着原来的路径转回配资公司的账户里。这样，当事人的交易账户里就留下了一条入资50万元的记录，股指期货的交易账号也就激活了。尽管这是一项价格不菲的服务，少则3000元，多则5000元，然而配资公司却并不缺少客户。如果交易者连一手十几万也拿不出来，配资公司也可以借钱给他，只是手续费更贵一些，另外还要支付一些利息。

通过这样一种途径开户的交易者所承受的压力可想而知。当然这是一种极端不理智的做法，他们的压力完全就是“自找”的。其实对于正常开户、正常交易的人来说，他们的压力在某种程度上也自找的，如果不想冒那么大的风险、承担那么大的压力，交易者完全可以给自己减压的。

一般期货合约的保证金是标的物金额的10%，如果你就只拿出比这多一点的钱，那么你使用的杠杆倍率就是十倍，就等于做出了一种志在必得的架势，将自己逼上了绝路。为了舒缓压力，如果你投入的资金是保证金的2倍，坚持一手一手地做，那么就是将杠杆的倍率降到了5倍；如果你投入的资金是保证金的3倍，还是坚持一手一手地做，那么就是将杠杆的倍率降到了3倍多一点；如果你投入的资金是保证金的5倍，依然坚持一手一手地做，那么就是将杠杆的倍率降到了2倍，甚至你也可以完全不使用杠杆，如此一来，你的压力也就减轻了。这样，你还会为了做到精准的预测而烦恼吗?

说归说，做归做。在实际交易中，很少有人能够始终保持这么理智的。我们看到的大部分情况是，如果资金足够富裕，很多人通常是会把资金用足用尽的。更有一些人起初是谨小慎微的，可是一旦交易稍有盈利，接着就会迫不及待地扩大交易规模。实际上，交易者完全不必冒这么大的风险。不过有些交易者就是一心想着投入的钱越多，赚的钱也就越多，全然不顾万一亏了怎么办?

这一切都是什么引起的？显而易见，都是急功近利引起的。

一个人一定要有自知之明，不要轻易使自己立于“危墙”之下，要认识到自己的心理承受能力是有限度的。一个人更不可以过于自负，自以为对行情有十足把握，毕竟这个市场不确定性因素实在太多了。我们宁可把事情想得难一些、复杂一些，也不要把事情想得过于简单、过于容易，否则，一旦马失前蹄，后果可能是交易者难以承受的。

第二章

认知的固有缺陷

交易是人与行情之间的互动。不言而喻，要做好交易，首先要对行情做出客观、准确的判断。这说起来简单，实际却是很难做到的，交易者常常会错误地判断行情。行情难道也会骗人吗？当然不会，行情一向都是中立的，本身并不会有所偏向。行情的误判，交易者自己要负全责，原因多种多样，其中有相当一部分是由人类自身的思维缺陷造成的，这种缺陷使得客观、准确地认识行情，存在着一定的局限性。

人类认知事物的思维模式并非尽善尽美，这使得人们会在不知不觉中犯下错误。这就意味着，你看到的真相未必就是真相；你以为的也未必就是你以为的。即使人类的主观愿望不存在任何偏见，想要找出事情的真相也未必就能够达到目的。更何况在交易的时候，交易者是不大可能没有主观愿望的，这就更增加了客观判断的难度。认识到这一点非常重要，这样一来，交易者也就没有什么理由那么自负了。

第一节 眼见未必为实

俗话说，“眼见为实，耳听为虚。”一直以来，我们都很相信这句话。实际上，这句话是很可疑的：眼见的东西也不一定就是真的。在《看不见的大猩猩：无处不在的 6 大错觉》一书中，记载着这样一个例子，很有力地说明了眼见的也未必就是真的。

在学生的协助下，我们利用哈佛大学心理学系的教学大楼制作了一个简短的电影。在短片中有两队运动员，其中一队穿白色运动服，另一队穿黑色运动服，所有运动员都在不断地移动并且互相传接篮球。

影片拍好后，我们便开始在哈佛大学内招募志愿者进行实验。志愿者需要观看影片，并计算身着白色球衣队员传球（无论是空中传球还是击地传球都算作传球）的次数，同时可以完全忽略穿黑色球衣队员的传球次数。

影片持续不到 1 分钟。观看结束后，我们会立即询问前来参加实验的志愿者到底有多少次传球。答案也许是 34 次，也可能是 35 次，其实这并不重要。我们要求被试者记住传球次数，是想把被试者的注意力集中到屏幕上，而不是关注他们的计数能力。而且，我们这么做还有其他目的——在影片中，除了穿白色与黑色球衣的运动员外，我们还安排了一个把自己伪装成大猩猩的人，这个“大猩猩”走过人群并稍作停顿，还对着镜头敲打自己的胸膛，然后走开，整个过程在屏幕上不超过 9 秒钟。除了询问志愿者传球的次数外，我们还要探查一些我们更感兴趣的问题。

问：在你数传球次数时，你看到什么特别的东西了吗？

答：没有。

问：除了运动员，你还看到什么了吗？

答：我看到了这里还有电梯，还有就是墙上有S形标志，可是我实在不知道S代表什么意思。

问：除了运动员，你还看到其他人了吗？

答：没有。

问：你看到大猩猩了吗？

答：大猩猩？没有。

在这项实验中，大约有一半被试者没有看见大猩猩。当他们重新观看录像而不需要计数时，他们都轻而易举地发现了人群中的大猩猩。很多志愿者都惊讶地表示“我居然没有看到”。

NBC的制作人也重复了这个实验，其中的一个志愿者坚决不承认影片中有大猩猩出现，甚至认为他前后两次观看的影片根本就不是相同的版本。无论怎样，这个实验在不同国家、不同人群中重复了若干次，结果基本一致——有大约一半的人没有发现人群中的大猩猩。

这段视频很容易在网上找到，有兴趣的读者不妨找来看看。这个例子很有力地说明了一个道理：大脑接受信息并不是全盘吸收的，而是会有所选择地忽略掉一些信息。事实上，以我们的生活经验来看，当一个人越是紧张、专注的时候，大脑有意无意屏蔽掉的信息也就会越多。之所以这样，是因为在短时间内人类接受信息的数量是有限的，既然处理信息的能力有限，就需要有所取舍，这样才能集中有限的资源，投入到最为重要的事情上，于是大脑就自作主张地将一些看似无用的东西屏蔽掉了。

见识了这个实验，有谁还能言之凿凿地说眼睛所看到的就是真相？至于交易时候的判断，有谁还敢断言自己的判断就是客观、正确的？从上面的实验不难看出：保持开放的态度、没有任何先入为主的想法对正确解读信息非常重要。可这恰恰又是交易者难以做到的，因为交易者来到这个市场并不是为了看热闹，而是带有强烈的目的性，这样一来，交易者必然会是“局内人”，而绝对不可能是“局外人”。

“当局者迷，旁观者清。”何以如此？苏东坡在一首诗中给出了答案：“横看成岭侧成峰，远近高低各不同。不识庐山真面目，只缘身在此山中。”一旦进入交易市场，交易者也就马上变成了“局内人”，再也别指望还会有什么“中立”“公允”的立场了。

从个性特征的角度来说，那些贪婪的人更多看到的往往是机会，而有意无意地忽略风险；那些恐惧的人更多看到的往往是风险，而会犹豫不决地看待机会。交易是风险与机会共存的复合体，只看到一面而看不到另一面就会失之偏颇。具体到交易过程中交易者也很难保持中立——如果说没有进场之前保持中立，也许还可以勉强做到，可是一旦建仓之后，行情的变化就会与交易者的利益紧密地联系在一起，他必然会在感情上偏向于自己持仓的方向。当你买进之后，你不可能会盼望行情下跌；反之，你卖出了，也不会盼望行情上涨。这样一来，当行情暂时不再继续保持预想的方向时，交易者必然会陷入到两难之中：到底该出局呢还是继续持仓？

面对这种两难，有人提出了一个方案：不妨问自己这样一个问题，假如没有仓位的话，你会选择哪个方向，如果你还做出同样方向的选择，那就不妨再观察一下；如果得到了否定的答案，最好还是平仓了结。乍看起来，这是一个极好的提议，实际上可以实施的可能性极低。

在观察、判断行情的时候，会有客观的标准吗？这个同样存疑。我们的判断依据必然来自以往的经验，且不说这些主观经验经由过滤之后的沉淀本身就带有一些个性的、感性的色彩，即使是把这些经验客观重现，也必然会有所取舍，大量的信息由于不符合预期，往往会不自觉地被我们排除掉。这个过程会不着痕迹，很难察觉，因此也就很难获得“不带偏见”的判断。我们必须明确一点：事关自身利益的判断必然会有意无意地带有倾向性。

人类的感情一向很难接受不利于自己的事实。即使你自认为对于行情的判断完全是出于理性而非感情用事也无济于事，想要得到不偏不倚的判断注定非常困难，我们又有什么理由过于自信呢？理智地讲，既然误判行情必然时有发生，那么当判断与行情本身相左的时候，我们也就不应该再固执己见，最好还是以行情为准。还是那句老生常谈，交易者必须对行情心存敬畏，绝不能心存一丝一毫的侥幸。

当交易者考虑未平仓合约的时候，既不必也不应该纠结于判断的正确与否，只应该关注是否触及了交易规则的底线，至于其他因素，不论是盈利多少、亏损多少以及技术分析的信号等等，一律都不是交易者所应该考虑的，因为这个时候，身在局中的交易者可能已经不具备客观判断的能力了，所以千万不要过于自信。我们应该按照既定的计划进行，哪怕错了也在所不惜，否则，就有可能在犹豫不决间贻误战机，并有可能身陷不测之地，把小的损失拖延成一个大损失。

第二节

你看到的都是你想看到的

在认知方面，大脑除了会过滤掉一些信息，还可能犯下其他错误，其中有很多是由于所处的立场、背景乃至认知水平的差异造成的。有时候人们自以为是地认为看到的表象就是事物的本来面目，其实只是曲解了事实而已。

先举一例，笔者曾经招募过一批来自不同地区的大学生。有一日吃午饭的时候，有一道菜是茭白，有的同学不认识，就问这是什么菜。其中有位四川女生回答："我们那里管这个叫'高笋'。"这时候，马上就有一位男孩很诚恳地纠正她："这个看起来像笋，其实不是笋，这是茭白。"就这样，他们争论了起来。

这个时候，我上网查了一下，结果诚如那位男孩所说的，茭白并不是竹笋，尽管茭白与竹子没有什么关系，不过并不妨碍有人将其称之为"高笋"。"高笋"确实是茭白的别名，此外它的别名还有茭瓜、茭笋、菰手、雕胡、高瓜、菰瓜、篙芭。从这件事上我们分明看到，那位男孩由于自己认知的局限而造成的误会。在他看来，自己肯定是对的，就武断地认定人家说错了。

以上是生活中的一个小插曲，其中并没有掺杂任何利害关系，只是因为各自生活经验不同，对事物的认识产生了分歧。假如再掺杂进去一些利害关系，又会怎么样呢？这种时候，人们带着先入为主的有色眼镜看问题恐怕也就在所难免。如此想要得出公允的结论可能就更难以做到。

我们再来看看旁边的这幅图。从这幅图中，每个人都会因为所站的视角不同、所依据的背景差异看到全然不同的东西。假如你认为白色图形是背景，那么你就会看到两个人面对面的剪影；假如你以黑色图形为背景，那么就会看到一个白色的杯子或者花瓶之类的东西。且不管这幅图究竟是什么，这至少可以说明一点：人类认识事物的时候是会选择一定视角的；由于视角不同，得到的结论也会有所不同。那么有谁又能保证，自己看问题的视角、立场必然是对的呢？这也是一个值得思考的问题。

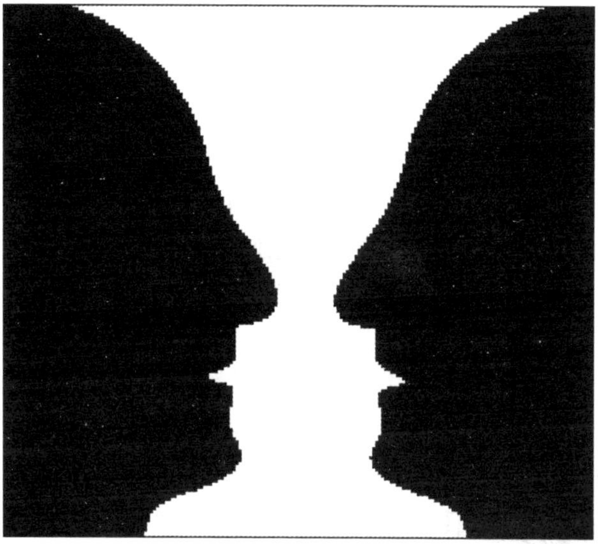

这个问题延伸到交易领域也会给交易者带来一定的困扰。在任何一个能够成交的点位上，都必然存在两股截然相反的力量对峙着；显而易见，这两股力量看行情的角度，肯定是不一样的，因此有人看好上涨，有人支持下跌。那么，交易者又该如何抉择呢？

由于涨跌是动态变化的，并非一成不变，为此，交易者绝不能偏爱哪一方，要想客观判断行情，也不能“先入为主”。这一点恰恰很难做到。在交易当下的“先入为主”几乎是必然的，否则根本就没有办法做交易。何以如此？这是不言而喻的，一个人要交易首先就需要对行情做出自己的判断，那么，判断的依据又从何而来呢？如果交易者不是按照每次扔钢镚落地的正反面来决定买卖方向，那么他做出判断的依据只能是以往的经验。这个时候，经验性的结论就成了他看问题的背景。

经验就好像冬季被汽车碾压过的泥泞路面，反复多次之后就会变得轨迹深陷，当你再次经过这些路面时，就会不自觉地陷入其中。面对涨涨跌跌的行情，交易者做出判断的依据以及信心的来源同样也是以往的经验。重复次数越多，由此得到的好处越多，交易者也就会对这些经验越深信不疑。

每个人的经验不同，得出的结论也就不同。一个经验丰富、见识过大风大浪的交易者与一个初出茅庐的交易者，眼里的行情可能是不一样的。比如在某些点位，可能初出茅庐者以为已经“超买”“超卖”了；而那些经验老到的人可能会认为距离转折点还有一段距离。又比如一个能够稳定盈利的交易者与一个屡遭失败的交易者面对机会反应也是不一样的：前者看到的是机会，后者看到的则是风险；面对浮亏，他们的态度也是不一样的：前者想到的是来日方长，后者只想着不能再亏损了；面对浮盈，他们考虑的也是不一样的：前者看到的是利润增长的潜力，后者担心的是得而复失的遗憾……

如果说进入市场之前交易者的判断会受制于以往的经验，那么一旦持有了头寸，判断又会受制于持有的仓位；这个时候，交易者的主观倾向性会变得更强，不难想象，交易者必然希望自己的判断是正确的，希望行情能够朝着持仓的方向继续走上一段，这样一来，客观看待行情就会变得困难重重。

在这个过程中，交易者天然地会带有自己的意愿，做交易就是为了赚钱，建了仓肯定希望自己的方向是对的。这是人之常情，恐怕谁都难以免俗。这样一来，交易者解读信息的时候，也就会不自觉地带上程度不同的主观色彩。既然都是这样，那又怎么区分俗手与高手之间的差别呢？这就看是不是能够迷途知返了。在判断行情方面，高手反而不会过于自信，错了也不会执迷；相反，俗手则会无视行情的实际情况，陷入到偏执、盲目的境地。

也许有人会感到不可思议。一个人不管有什么主观想法、情绪，在经过十字路口的时候，难道还会罔顾事实，将红灯看成绿灯、绿灯看成红灯吗？现实当中人们也许不会迷失到这个程度，不过在交易中出现判断偏差，甚至做出南辕北辙的判断却是家常便饭的事情。

这是因为，在交易的十字路口，我们所看到的信号是闪烁不定的，绿里泛着红、红里透着绿，也就是涨跌互现的。面对这样变幻莫测的市场、面对如此不明确的信号，我们必须冷静观察、灵活处置，才能应付自如。

可是一旦有了“先入为主”的倾向，在后续判断的时候，这种倾向就有可能变成交易者观察市场的立足点。还是拿上面的那幅图来做个比喻吧，假设白底代表“买进”，黑底代表“卖出”，那么你一旦“买进”，看到的可能就是“剪影”；而一旦“卖出”，看到的可能就是“花瓶”。换句话说，当你买进的时候，倾向于以“白底”作为自己的视角，并在此基础之上努力搜集支持上涨的证据，对支持下跌的证据反而视而不见，反之亦然。这个过程是很自然发生的，往往不易被交易者察觉。

交易真的很难，难就难在“度”的把握上。不自信，行吗？不行，那样你可能失去把握机会的勇气；过于自信，行吗？也不行，那样迟早有一天“似是而非”的主观性会让交易者“死无葬身之地”。要做判断，就不能不依赖经验，然而，经验可靠吗？经验并不绝对可靠，适用范围必然存在一定的局限。在持仓之后，又会带有一定的倾向性。如此一来，我们想要看到行情的真相，恐怕就很难了。事实也是如此，交易场上没有绝对的真理。在任何时候都不能孤注一掷，既不能在盈利时不留余地，也不能在亏损时不愿服输。

第三节
“潜念”悄然袭来

成功的交易，会给交易者正向的反馈，带来信心的增长，这当然是件好事；可遗憾的是，有些人一旦做得顺手，忍不住就会变得“轻飘”，难免招致“大意失荆州”之类的遗憾。“祸兮福所倚”说的正是这个道理。

“被水淹死的，往往都是会游泳的。”这句老人常念道的话里隐藏着非常深刻的道理。我们并不难想象这样的情景，如果不会游泳，或者游泳技能不佳，这样游泳者也就不会那么自信了，而这份不自信则会促使他们选择安全的区域，或者做足了安全方面的准备。至于那些善于游泳的人，他们是有自信心的，这种自信心一旦超过某种限度，可能就不会再那么谨小慎微，对水况的异常估计不足，也就为安全埋下了隐患。

通常我们会习惯性地将这种行为上的“松懈”归咎于态度上的“轻飘”，这当然有一定的道理，可如果用“态度”来解释一切就未免过于简单了。实际上，除了态度，还存在其他方面的因素，也会让人不知不觉丧失警惕，而且更加防不胜防。

对于不熟悉的事物、环境，我们难免都会感到不适应，这种情形就好像刚刚学会驾驶汽车一样，用不了多长时间就会叫人感到疲惫不堪。这个时候，导致疲劳的因素不仅来自体力方面，也来自精神方面。不论体力上的筋疲力尽还是精神上的紧张冲突，都会让人感到极不舒服，也会让人觉得不安全。为了消除这种感觉，人们就会想尽一切办法去适应、去熟悉，这样随着时间的延伸、技艺的增长，最终才能达到处之泰然的地步。这种诉求，同样也是来自人的本能层面。

经历得多了、练习得多了，原先感到陌生的东西就会变得司空见惯、习以为常。随着熟悉程度的增加，一旦到了某个阶段，就会养成肌肉神经的自动反应，这时候不仅耗费的脑力、体力会变得越来越小，甚至会形成一种下意识的反应。这些现象说明大脑已经自动简化了许多中间的冗余环节，只凭直觉就可以运作自如。“熟能生巧”带来的好处不仅仅是省时省力，还会给人带来一些诸如有把握、安全、舒适的感觉，但与此同时也会带来一些不利的倾向。一旦熟悉过了头，就会在不知不觉间形成一种“潜念”，以致对发生的细微变化难以察觉，从而为犯错埋下隐患。这就是说，面对司空见惯的场景，人们很自然就会放松警惕，变得麻痹大意。这是经历得多了以后，自然而然进入的一种状态，并不完全是态度方面的问题。这个时候，就有可能导致一些不良后果的发生。在《专念：积极心理学的力量》一书当中，就举了下面这个例子：

就拿1982年导致74名乘客死亡的佛罗里达航空公司坠机事件来说吧，这是从华盛顿特区飞往佛罗里达的一架普通航班，执行此次飞行任务的机组非常有经验，他们的身体状况良好，既不疲劳，也没有压力，更没有喝酒。那么到底出了什么岔子呢？经过缜密的事故调查，最终发现是飞行员在起飞前进行的控制检查出了问题。

在执行起飞前检查时，副机长会依次读出各个检查项，机长则要检查各装置是否已经按照规定进行了设置，其中一个检查项便是防冻装置。那天，机组和往常一样执行起飞前检查，在检查防冻装置的时候，机长习惯性地将开关设为关闭，因为南方的天气向来比较温暖。但那一天，天气并不像往常那样暖和，而是结了冰，就因如此，惨剧就这样发生了。

在进行逐一检查的时候，飞行员似乎在思考，但事实并非如此。空乘人员执行的起飞前安全演示和飞行员执行的起飞前检查非常相似，面对着乘机经历丰富、已经熟悉了这一套演示的乘客，空乘人员只是完成了一套程序罢了。而机长在机械地执行例行程序的时候，则为自己和他人埋下了严重的安全隐患。

可见，司空见惯造成的悲剧是可怕的。类似的事情也会发生在交易中，甚至那些曾经叱咤风云的大师级人物也会因此折戟沉沙。在市场当中，起初交易者也是战战兢兢、如临深渊、如履薄冰的，一旦累积了丰富的经验、取得了不俗的战绩，对有些威胁就会变得视而不见，这就为日后的败绩埋下了伏笔。

交易者能够保持善始如终吗？这很难。对于交易者而言，经过一番努力，一旦找到了合适的策略，在执行多次之后，就会由此而信心倍增。这种信心是由内而外渗透到整个身心里去的。交易者情绪方面的焦虑、冲突，也会冰消瓦解。不仅如此，还会由此而获得一种把握感。如果能够将这样的势头继续保持下去，美好的未来必定是可以期待的。与此同时，一朵不祥的云彩，也会悄然漂移过来。

由于交易自身的特殊性，初步成功后，如果处理不好，招致悲惨结果的可能性将会更大。这种特殊性，就是交易者在买卖的过程中必须建立一定的信念系统。不妨试想在一个涨跌互现的市场，如果要想不被暂时的现象所迷惑，交易者就必须将眼光放长远，并且对自己的判断保持信心，否则一有风吹草动，就可能被震荡出局了。换言之，交易者必须对大趋势保持一定的信心，用以过滤逆势的运动，只有这样才能拿得住手里的单子。而高手之所以为高手，也在于这种抗压能力更强一些，这就是说，他们具有常人没有的耐受力，这对于长线交易尤为重要。

那么，我们不禁要问，这份信心来自哪里？这种信心必然来自屡试不爽的模式。有了这份信心，可以免去被逆势行情轻易震荡出局的尴尬，在很多时候，也会使业绩曲线变得更好看一些。问题是，这种坚持与不理智的“死熬硬等”有本质意义的不同吗？其实是没有的，这样一来，就有可能在行情彻底逆转的时候，付出惨痛的代价。到了那个时候，以往叫你大赚特赚的模式，又变成了摧毁你的模式。“潜念”来袭，这是一种胜利之后的悲哀，如果处理不好，可能功亏一篑。如何破解呢？随着经验的累积，精神、情绪尽管可以松弛，面对逆势行情的时候也可以有一定的活动空间，但“底线意识”万万不能少。到了一定程度，就绝对不能再心存侥幸了。这就是说，不管表面看起来的“平常”是否真的一如既往，我们还是要养成遵守规则的良好习惯。只有这样，交易才有了“一致性”，才不会被惯性思维蒙蔽双眼。

第四节
自我归因与自我评估的偏差

自利性归因偏差，是指人们一般倾向于把良好的行为或者成就归功于自己，而将不好的行为以及失败归咎于外部的情境或者他人。这种归因既是出于情感、心理调节的需要，也是出于自我防卫、维护自尊以及良好形象的需要。客观地讲，这是某些条件下必然会出现的一种不自觉的心理反应，总是不可避免的。不过，交易者应该对此有足够的了解，并且要尽量减少它的影响。因为，这种反应不利于交易者水平的提高。

对于交易者而言，无论做得好坏，都需要及时找到真正的原因，这样才能准确了解当前处在一个什么样的状态，才能“有的放矢”地为下一步调整找到依据。如果面对失败，归因存在偏差就会使得交易者难以客观、公正地评价自己，后续的调整也会因此盲目。文过饰非、避重就轻、自欺欺人的结论，除了能找个台阶、保全面子，对交易水平的提升没有任何好处。

从积极的角度来看，错误也是一笔宝贵的财富，对于交易更是如此。由于风险与机会放大的缘故，使得每一个失误都要为此付出不菲的代价。作为一个理智的交易者，又怎么能不珍视这笔财富呢？因此不要害怕触碰自己的伤疤。过去的失败，绝不仅仅只有负面的伤害，同样也是蕴藏着价值的。

错误的价值至少有两方面：一方面用事实证明了有些操作是行不通的；另一方面，也能在心理层面给交易者震慑，某些模式重现的时候起到一定的防范作用。用一句老话概括，这就叫“一朝被蛇咬，十年怕井绳”。有许多交易大师也是在遭遇过灭顶之灾后，才学会了敬畏行情，改掉了一些坏毛病。

古人强调“闻过而终礼，知耻而后勇”就是这个道理。“知耻”是前提条件，如果连自己的毛病都不知道出在哪里，“对症下药”就无从谈起了。如果认为根本就不是自己的问题，那恐怕也就只能故步自封了。这两种状态，显然都不利于进步。

遗憾的是，有的交易者对亏损总有一种“讳疾忌医”的心理，避之唯恐不及。这样会一而再、再而三地重蹈覆辙。一再犯下相同的错误，其中必有主观方面的原因。许多交易者始终认识不到这一点，这就是“自我归因偏差”在作祟了。

在面对自己的交易错误时，自我归因偏差会有种种不同的表现。有时候，交易者只从浅层的原因入手，不愿分析根本原因，这种不够深入的分析自然是“蜻蜓点水”式。有时候，交易者在解释自己的错误时，一味地怨天尤人，强调客观因素。比如：在一起交易时，有个人亏大了，会说，那都是因为坐在旁边的一个家伙不停地唠唠叨叨，搞得我心烦意乱的缘故；还有的时候交易者分析原因只论一点，不及其余，他们会用一些不可控、不具有稳定性的因素来解释自己的行为，比如个人的禀赋、任务的难度等等，由以上的种种借口不难看出，为了开脱自己，交易者可谓花样翻新、无所不用，唯独不情愿从自己身上找原因。这说明交易者根本不敢面对现实，没有承认自己不足的勇气。

正确地认识、评价自己非常重要！在心理层面，这种态度可以带来莫大的好处，这有助于消除理想与现实之间的落差，可以让交易者变得心平气和。在期货交易中，失败了、亏钱了，其实一点也不可耻。众所周知，这个市场有90%以上的人都是要亏钱的，那么你亏钱又算什么呢？这难道不是再正常不过的事情吗？这更充分证明一点：在交易领域，你同样也不是“超人”，并不具有任何优势，你只不过是这个市场普普通通的一分子而已。认识到这一点很重要！尽管这叫你难以接受，甚至感到有伤自尊，不过这对于业绩的提升，却是有极大好处的。这至少让你找到了一个“脚踏实地”的立足点，打消一些不切实际的幻想。既然你我都是“凡人”，也就不要想入非非，妄图创造奇迹了，还是想一些更为实际的、能够“补拙”的办法吧。在交易中，只有做自己力所能及的事情，才能达到自我救赎的目的。这正如阿甘挂在嘴边的一句话：“傻人做傻事!”

千万不要自欺欺人，不要以为自己还蛮不错的，你其实差得还很远。不能、不敢面对真实的自己其实是一种脆弱的、不成熟的表现。“掩耳盗铃”不仅于事无补，只会让你的心态更加不平衡。要想改变这一切，交易者必须直面现实，具有自我“刮骨疗毒”的勇气，才能深刻地吸取教训；不要眼高手低，不要过于自负，你只是“泯然众人”中的一位；与此同时，交易者还要树立正确的“失败观”。在交易中，如何面对失败，这也是一个非常关键的问题；如果交易者将“亏损”一律视为某种程度的失败，那么“失败”可能随时随地都会遇到。这显然是不正确的、狭隘的交易观。从操作层面而言，判断失误、交易亏损都是不可避免的，我们也用不着为了防止出错而患得患失，关键还是要看犯的是什么类型的错误。

与文过饰非不同，有些交易者有意无意地追求完美交易，这样就会把正常的止损也看成了失败的交易，并且千方百计地想要回避。这种努力注定是有一定限度的。我们必须要明确，并非所有的亏损都是失败，有些属于交易规则、策略系统内的风险，这是必须承受的。如果不能坦然面对，对这种损失也心存芥蒂，必然会对策略本身心存疑虑，这样不仅无益于改善业绩，反而会在摇摆不定中使业绩更加缺乏稳定性。换句话说，我们不应该厌恶止损、害怕止损、忌讳止损，这就好像游泳不应该害怕呛水一样。

第三章

交易者的深层心理

对在交易中表现出来的愚蠢行径，交易者常常也会感到懊恼不已。处在需要做出正确抉择的十字路口，分明有一种无形的力量左右着自己的大脑，尽管理智也曾试图迈出那正确的一步，可最后往往还是被带到“沟里”去了。这只无形的“手”到底是什么？为什么竟有如此大的力量？这就牵涉到了人类心理更深层次的一些东西。

每个人的所作所为、所思所想，都是有其渊源的，并不是空穴来风、偶然得之的。交易中的种种行为，同样也不是看起来那么简单的，往往也牵扯着许多更深的背景。探究这些来源和了解其运作方式，因而也就非常必要了。否则，我们就会百思不得其解，或者犯了张冠李戴的错误。连病根都没找对，要想痛改前非，恐怕也就难了。

第一节 心理的三个层次

很早人们就已经认识到，人的意识是分为不同层次的。尽管对潜意识现象的观察和记载有着漫长的历史，但却始终缺乏系统性的探讨。这种状况直到西格蒙德·弗洛伊德创立了精神分析学，才得以彻底改变。在他以前，传统心理学往往从外向内探索，大都以意识为研究对象；弗洛伊德则打破了理性主义的传统，肯定了非理性因素在行为中的作用，首创了以潜意识研究为核心的心理学体系，从此开启了从内向外、从深层向表层的研究。

在弗洛伊德看来，人的潜意识是一个能量系统、动力系统，本能、欲望是人的心理以及人格发展变化的推动力和起因。在精神分析学创立早期，他把人格分为意识、前意识和潜意识三个层次。在晚期，他又提出人格是由本我、自我和超我三部分组成。本我是原始的、与生俱来的潜意识的结构部分，蕴含着一些人性最接近兽性的本能性冲动，行事完全遵循“快乐原则”。自我是意识的结构部分，处于本我和超我之间，始终根据现实的可能性来满足本我的要求，行事遵循“现实原则”。超我处于人格的最高层，是人格中最道德的部分，代表着良心、自我理想，行事则遵循“至善原则”。

在人的心灵深处，本我、自我和超我三者之间相互影响、彼此消长，同时作用于人的精神。其中的自我，在满足本我的欲求时，不仅要考虑现实条件，也会受到超我的制约。也就是说，自我极力在本我、现实和超我三者之间周旋、调停，力图达到一种平衡状态。可惜的是，平衡只是相对的、暂时的，不平衡却是绝对的、经常的。这样一来，随着人格内部矛盾的冲突，人们就会产生各种各样的焦虑。

弗洛伊德认为，焦虑是自我在感受到威胁时提出的一种警示，与此同时，焦虑也可能使人不恰当地使用防御机制，从而导致心理疾病。焦虑可以划分为三种类型：客观性焦虑、神经性焦虑和道德焦虑。客观性焦虑是指个人在现实世界遭遇实际危险时产生的；神经性焦虑是担心在表达本能欲望时可能被惩罚产生的；道德焦虑是在从事或者思考有悖于道德伦理的行为时产生的。个体的焦虑状态，往往是以上两种或三种焦虑的混合。

西格蒙德·弗洛伊德（1856—1939年）

为了缓解焦虑、消除冲突、保持人格的完整统一，自我衍生出许多保护性措施，这就是自我防卫机制。这些机制是个体处于无意识或半意识状态下应对精神焦虑、心理冲突的方法，是自我机能的有机组成部分。根据弗洛伊德的相关论述，大概有八种自我防卫机制：否认、移置、投射、合理化、反向作用、倒退、压抑与升华。否认是指个体拒绝承认引起自己痛苦和焦虑的事实存在；移置是指个体的本能冲动、欲望在某种对象上不能得到满足时，就会转移到其他对象上；投射是指将内心不为社会所接受的欲望、冲动、行为归咎于他人；合理化是指用一种自己能接受的理由代替原来的理由；反向作用是指用相反的行为方式来替代受压抑的欲望；倒退是指当个体遇到挫折时用早期发展阶段的幼稚行为来应付现实，目的是博取他人的同情、减轻焦虑；压抑是指将引起焦虑的观念、冲动压抑到潜意识中去；升华是指将本能冲动转移到社会赞许的方面。

弗洛伊德的这些理论，尽管很难通过科学手段加以证明，不过我们还是能够从日常生活当中体验、感知到他所揭示的这些种种现象的。联系到交易中，我们也不难发现，交易者面对亏损，普遍都存在着不同程度的焦虑，同样也会有意无意地启动自我防卫机制。

面对亏损，尤其是重大亏损的时候，我们分明感受到了一种生死攸关的巨大压力。这个时候，交易者也会通过种种不合理的防御机制来化解焦虑。比如：枉顾眼前的事实，明明就是下跌，却偏偏找出各种理由，认为这只是暂时的回调，这就是一种典型的“否认”；当亏损确实已经发生了，好多人不是从自己身上找原因，而是找出来五花八门的客观理由，这分明就是一种“投射”；有一些人还会在总结教训的时候，找出来各种借口，以便给自己一个台阶下，也就是“合理化”自己亏损的理由……总之，为了化解交易过程中的焦虑，交易者也会有意无意地采取形形色色的方式，继续留在舒适区。这显然是不够理性的，是一种自欺欺人，不仅于事无补，反而会使一些坏习惯变得根深蒂固。

我们不仅要看到交易中这些非理性的自我防卫机制，而且还要认识到这些防御机制所具有的力量异常强大。在理智与非理性争斗的时候，理智通常总是甘拜下风。这又是怎么一回事呢？我们人类在亿万年的进化过程中，自然形成了这种特质。我们人类是由动物进化而来的，同时兼有人性与动物性的特点。这里的人性，对应着人格当中的自我与超我；而动物性则对应着人格当中的本我。人类进化到现代人类的时间，与人类尚未脱离动物特性的时间相比，毕竟是相当有限的。这就使得人类所具有的动物性思维及其对应的思维器官，并没有因为人类进化成人而彻底消失殆尽。它们只是被表层的理性、意识所掩盖而已，尽管已经“退居二线”，不过其能量并没有由此消退，仍然在幕后、在关键的时刻发挥着巨大的作用。

何以证明这一点呢？我们可以拿“情绪”来加以证明。大家都知道，情绪是人类与动物都有的一种非理性的精神形态。那情绪对应着大脑中的哪些器官？又是如何发挥作用的呢？纽约大学神经科学研究中心约瑟夫·勒杜克斯（Joseph LeDoux）发现“杏仁核”在情绪神经中起着关键的作用。情绪系统可以不依赖新皮层就会自动做出反应，有些情绪反应和情绪记忆，完全可以在没有任何意识和认知参与的情况下自动形成。这就意味着，在某些状态下，我们的情绪会在理性思维参与之前就已经自动做出决断，采取行动。这一点对于人类的生存，起着至关重要的作用。人类在漫长的进化过程中，大自然中不可预知的风险，随时随地都有可能给人类带来致命危险，为了生存、顺应环境，人类就发展出了这种不需要经过思考就能自动反应的机制，这样可以有效地节约时间。

这种机制，至今仍在发挥着不可或缺的作用。比如：一个人走在马路上，忽然冲过来一辆汽车，遇到这种情形，这个人就会不假思索地迅速闪到一边。这个时候，他的反应就是非理性的自动机制在发挥作用。如果这个时候，他还要用自己的理性大脑琢磨一下，要不要躲开？是往左边躲还是往右边躲？被撞死或撞伤恐怕就难免了。与此同时，那位司机也在用理性大脑思考着，是应该减速还是不减速？是该转方向盘还是照直开去？假设转方向盘，是往左转还是右转？结果又会怎样，这也是不难想象的。

第二节

过度补偿心理

同样是致力于潜意识的研究，阿尔弗雷德·阿德勒与弗洛伊德的侧重点是不一样的。阿德勒注意到，人们对自己的某些缺陷会产生强烈的心理反应，并由此激发努力克服缺陷、取得卓越成就的原动力，例如：许多视力不佳的人，最后成了著名的音乐家；一些有听力缺陷的人，最后成了著名的画家……

阿德勒认为，一个人身体外形的畸形和身体机能的缺陷，必然会引起自尊心的降低。这其中比较典型的例子莫过于拜伦，由于先天的跛足，以及事实上的单亲家庭，使他产生了极度自卑。再如被忽视、被溺爱或者被仇视的孩子，也同样会发展出强烈的自卑感。我们熟知的作家、诗人、画家艾青，由于母亲难产的缘故，他从小就不被亲生父母待见，其中的自卑、凄凉之感也是不难想象的。即使是那些在最愉快的环境里成长的儿童，也会感觉到自己的幼小、无助，总是因被周围的成年人所左右而产生自卑，如普鲁斯特，尽管从小生活优裕，可他还是养成了自卑、极度敏感的个性。

而正是因为产生了自卑，反而会激发人为了肯定自我而不懈斗争，力图转化劣势为动力，最终获得非常大的成就。事实上，任何人在幼年时期都会产生程度不同的自卑感，这几乎成了人类普遍存在的心理特征。为了使自己的自卑感得到补偿，每个孩子都在幼年生活的经历中，创造出特有的对付环境的策略，并按照各自的应付经验，形成一种固有的态度，综合起来就会形成一套独具个性特征的行为方式，阿德勒称之为“生活风格”。

人的活动总是为了追求某种社会意义的，往往表现为想要取得巨大的成就以及个人的声望，这样方能提高自尊心、增强优越感，从而达到支配别人、防卫心理危机的目的，这也是人的一种心理本能。为了战胜自卑，获得优越感，有两种可能的表现，与之相应，也会有两种可能的后果：

阿尔弗雷德·阿德勒（1870—1937 年）

一种是成功型的补偿。当一个人在某些方面存在不足或缺陷时，他会接受现实，承认自己的不足或缺陷，并不断努力，在其他方面获得成功，往往在某些方面比正常人取得的成绩还要大。

另一种是神经症型的补偿。有些人出现某种不足或缺陷时，并没有从其他方面进行“补偿”，更没有接受现实，而是选择了“过度补偿”。具体表现就是，不仅拒绝承认自己的不足或缺陷，而且还提出了更高的目标。这种目标大概率是难以实现的，于是就出现了各种神经症的症状。从现实的角度来看，任何人都不可能是完美无缺的，如果有人总是给自己设定一个脱离实际的标准，那么他永远也不会有满足感，永远也不会获得幸福感。

例如，一个严重的小儿麻痹症患者，在当前的医疗水平下，他是不可能改变现状的。对于自己的缺陷，如果他选择接受现实的话，他的心理就是健康的。如果他还能在其他方面不断努力，并且取得了成就，那么他就是一个成功的人。相反，如果他拒绝承认自己的不足或缺陷，并向着更高的目标迈进，那只会加剧内心的冲突，使自己陷入极大的痛苦之中；这样，心理就不会很健康，也有可能成为一名心理疾病的患者。

具体到交易中也是如此。在遭遇了一系列的失败交易之后，交易者也会产生挫折感，并连带生发出“技不如人”的自卑感。交易者通常也会想方设法加以补偿，以便去除这种耻辱，这是一种必然的趋势，所不同的是，每个交易者的补偿方式也是不尽相同的。

有的人在遭遇亏损之后，能够面对现实，采取了一些比较务实的改进方法；另外还有一些交易者则选择了过度补偿的方式，不仅枉顾自己目前严重亏损的事实，反而给自己提出了一个高不可攀、脱离实际的目标，似乎不这样就不足以弥补失落、挽回自尊。

我曾经遇到过一位交易者，给我留下极深的印象。这倒不是他成绩优异的缘故，而是他跟我说过的一番话，至今叫我记忆犹新。他明明成绩极差，做起交易，有时候简直就是毫无理智。尽管如此，他却时常推开我办公室的门，进来跟我说，虽然他最近没有发挥好，不过已经体会到了一些东西；以后肯定会大有起色，对于未来他是一点也不担心的。他还说，将来自己一定能赚很多很多钱；等他赚了大钱之后，只给自己留下10%，剩下90%则要捐出去做公益。他要去帮助那些穷人，尤其是那些山区里的儿童。他要给他们捐建几所学校，那些学校一律都要以他的名字命名。

当时我就被他的话给震惊到了，我不无疑惑地审视着他。说这番话的时候，他的眼睛放射出异样的光彩，一脸的认真、严肃。他沉浸在自己所描绘的画面里，越说越来劲。在那一刻，他简直已经彻底忘掉了目前还处在不断亏损的状态，就仿佛已经赚到了一大笔钱，马上就要捐出来似的。听了这话，我也不好给他浇冷水，只能鼓励他，好好做吧！尽快实现自己的目标。很可惜，没过不久，他就爆仓了，只得黯然离开了这个市场。临走之前，他还不无激动地说，尽管不能在这里做了，不过他还是会一边干着别的工作，一边利用业余时间钻研交易技术的；总有一天还会回来的，为了自己的远大理想，他是不会轻言放弃的。他说这话的时候，语气里一如既往地充满了不容质疑的自信感。这番话不知道能不能感动别人？不过肯定是能感动他自己的。

当然，我所举的这个例子可能有些过于极端，但是不可否认，在遭遇失败之后，有许多交易者确实不仅没有气馁，反而变得更加亢奋了。不言自明，这应该就是一种心理上的“过度补偿”。一旦进入这种心态，他们时常会沉浸在想象的世界里，不仅会有意无意地忽略行情中存在的风险，在行为上也会变得更加激进。

显而易见，当交易者给自己提出更高、更远的目标时，未必是一种自信的表现，只不过是出于心理补偿的需要罢了。这种情况就好像一架天平，当一端高高翘起的时候，另一端就必须放更多、更重的砝码，才能使两端保持平衡。

这种危险的心理倾向对交易的危害不言而喻，一旦做出这种姿态，其实也就是摆出了一种“志在必得”的架势；这等于将了自己一军，把自己逼到了一个完全没有回旋余地的“死胡同”里。

何以这么说？因为进入这种状态的交易者已经开启了脱离现实的盲目躁动模式，已经属于自说自话的范畴了。一旦用力过猛，很容易使绷得过紧的弓弦折断；他们往往会做出极其疯狂的举动，从而走向彻底的崩溃。

第三节

苛求完美的焦虑

世界上原本并不存在十全十美的东西，完美主义者对此却不以为然。他们看问题背后的价值判断，往往具有绝对的、刚性的是非观念，认为非黑即白、非此即彼，不存在任何过渡的中间状态。这种观念与现实世界的标准显然是不相匹配的。

对事实好坏的判断与公认标准之间的差距是判断一个人性格是否成熟的重要标准之一。完美主义者具有的这种“非好即坏”的二分法，其实是幼儿思维的典型特征，这显然是极不成熟的，也是难以适应社会的。现实社会是多变的，具有复杂的辩证性。当一个人用“完美主义”的视角面对现实时，必然会带来更多的心理冲突，他们要在好与坏之间进行定夺，要在趋近与逃避之间来回争斗，要在完美无缺与全面否定之间轮回转换。

因为“完美”在事实上是不可得的，却又非要顽固地追求完美，于是这些完美主义者也就只能通过“内部平衡”的方式来营造某种完美的假象了。一旦他们再也无法在现实的冲击中维持那种“自欺欺人”的假象时，也将不可避免地滑入另一个认知极端：全盘否定一切。通常，完美主义者并不具有适时放弃的智慧，他们喜欢死缠烂打。与此同时，“坚忍不拔”又不可能成为他们的行事风格。相反，半途而废、功亏一篑，倒是他们的例行遭遇。这是为什么呢？对于完美主义者来说，几乎没有任何进步和收获能够持续地提供给他们以激动人心的满足，因而也就不可能进行有效的自我激励。他们往往借着反省的名义，把对自己的不满意放大成为自卑，然后进行大肆讨伐，人为地制造心灵世界的战争。

结果往往把促使自己进步的动力，演变成了自我惩罚的凶手。

正常的自我激励能够从困难中看到希望，从不完美的自我中发现优点，这样才能建立起自尊、自信。对于完美主义者而言，这一点是很难做到的。由于总是看不到希望，除了每天自怨自艾、自暴自弃，还能做什么呢？于是这些负面情绪成了他们的生活风格，甚至成了他们赖以实现自我价值的特殊方式，他们会小心翼翼地加以保护，不会轻易做出改变。既然不能在现实的生活中体验到自我存在的价值，也就只能在自我内部，以“痛苦”的形式证明自己的存在了。从这个角度来说，“痛苦”确乎也是一种价值，变成了现实的替代品，它与“满足感”一样都可以为自我的确认提供相应的能量。也正因为如此，完美主义者在自暴自弃和自我毁灭的时候，也总是如此地理直气壮，如此地义无返顾。

“要么不做，要做就要做到最好”不仅是完美主义者经常挂在嘴边的口头禅，同时也是他们一贯奉行的行为准则，具体到现实中的表现，即死板、极端、烦躁。“死板”是因为害怕失败，对失败的恐惧使他们如履薄冰，工作效益远不如其他人，并最终缺乏冒险精神；“走极端”大多是个人好强与错误的价值取向造成的结果；“烦躁”则是由于外部事物的发展与自己的理想不相符，或者与自己的意识完全对立时所表现出来的不良情绪。

由于完美主义者个性好强的缘故，常常会导致程度不同的精神压迫症与心理障碍。研究表明，强迫性完美主义不利于人的身心健康，很容易导致自我挫败、工作效率低、人际关系紧张，这类人其实是极其痛苦的。他们很容易产生自恋与自傲，藐视外部世界的概率远远多于认同与包容，为自己的任何错误都精心辩解，对别人却毫不宽恕、评头论足，这无疑会伤害他人，影响同事、朋友之间的关系。例如，一些道德方面的完美主义者，往往极度缺乏包容之心，见到别人犯了错误，即使是小错误，也会有恶心、精神痛苦等症状，严重者甚至会产生非要摧毁对方而后快的念头。这种人经常不切实际地提升自己的理想与要求，最终导致远离实际生活。这种人对自己的各种要求都非常之高，并且以己推人，总是企图用自己的标准去衡量外部的一切，这样就难免会造成意识的冲突。如果他们的情绪一时不受控制，也很容易导致与他人的肢体冲突，结果害人害己。有时候他们害怕自己的意见不被采纳，使自己的完美形象受到影响，也会选择将自己孤立起来。如此一来，他们最明显的表现就是心灵孤独与心理障碍的痛苦。

完美主义者表现的最严重后果就是自我毁灭。这当然是他们发现理想与现实的差距太大或者完全相反后，其精神的支柱轰然倒塌，个人自信心完全丧失的结果。这种人由于没有在平时生活中提高自己的心理抗压力与抗挫折的能力，所以就选择了“自杀”来逃避这种痛苦。从精神层面上讲，这未尝不是一种解脱。

在现实社会中，“不如意事常八九”。同样如此，在交易的世界里，完美也是可遇不可求的。俗话说，“常在河边走，哪有不湿鞋?”交易中的判断错误几乎是不可避免的。在任何一个可以成交的价格上，其实都有彼此对立的双方在博弈。通常，每次交易的成败各半，判断失误应该是再正常不过的事了。交易者要想做好交易，就必须对此见怪不怪、处之泰然。否则势必使自己陷入纠结、痛苦的心境之中不能自拔。从这个角度看，完美主义在交易中更是要不得的。

交易中的完美主义，最为突出的特征就是缺乏“安全感”，对亏损极端厌恶，为此他们一心要追求“精准”的判断，这样就必然导致交易时的瞻前顾后、犹豫不决，不仅会导致错过机会，也会在拖延之中扩大亏损，如此一来又会加重了自责。

对交易而言，百发百中是不可能的；遭遇到失败，从而导致亏损也是必然发生的状况。如果不能正视这一事实，将大部分精力用于防范亏损，这其实也是在做一件根本不可能完成的事情，这就会让自己始终处于犹豫、纠结、懊悔的状态之中。

交易者要想戒除这种完美主义，就必须接受“时常也会亏损”这一现实，认清交易在本质上其实就是一个概率游戏，即使那些成功的交易者，也难以做到百发百中，他们必然也会有亏损的时候。

第四节

拒绝西西弗斯的命运

在希腊神话中，西西弗斯曾经是科林斯王国的创建者。他绑架了死神，一度让人世间没有了死亡，却因此触犯了诸神。为了惩罚他，诸神要求他将一块巨石推上山顶；可每当快要到达山顶的时候，巨石又滚了下去。就这样，他永无止境地重复着。诸神认为，再也没有比这更严厉的惩罚了。他的意志与生命，将会在永无休止的劳而无功之中消耗殆尽。

由这则神话我们可以看出，古希腊的先哲已然意识到了“劳而无功”这种情形会给人的精神造成巨大的伤害。事实也是如此，恐怕再没有比这更让人感到沮丧的了。在一首歌里，刘欢唱道，“看成败人生豪迈，只不过是从头再来。”好一个“从头再来”，有那么容易做到吗？如果容易，恐怕也就没人会将这件事写到歌词里了。正是因为难能可贵，才有了歌颂的价值。

如果你选择了做交易，那么你恐怕要时不时地面对这种“劳而无功”的情形了。只要在盈利之后交易者还继续交易，就难免会遭遇获利回吐的尴尬，这原本就是交易的一部分。要想成绩稳定，交易者就必须习惯这种节奏，处之泰然。非常可惜的是，有时候面对几次三番的得而复失，大多数交易者不仅很难做到心平气和，甚至还不可避免地会激发起一定程度的愤慨，不论是小规模回撤，还是“断崖式”的大幅度回落，都是这类交易者所不能接受的。这种情形就好像小孩子，一旦谁给了他一件东西，当你想要再拿回来的时候，他马上就会变得愤怒起来。他并不认为这是你给的东西，而是认为这已经是他自己的东西了，谁也不能再把它拿走。有时候，做了半天交易又打回起点的情形，对交易者的打击甚至比直接亏损还要叫他愤愤不平。比如说，某天交易中，账面的利润曾经达到过一万元，随后又回吐了一些，这种获利回吐的感觉就会让很多人不舒服，尽管这时候已经身心疲惫了，通常他还是会千方百计地想着再次恢复到一万元的水平，然后才会考虑离场休息。

这种心理具体到交易中，就叫“由贫到富易，由富到贫难”。这种情形除了消耗精力之外，也会使交易者内心生产生“劳而无功”的沮丧。这也就意味着，此前所做的事情变得毫无意义了。短时间的“劳而无功”已然叫交易者难以接受了，长此以往又会怎么样呢？

实际上，我们每个人与生俱来都在追寻一种身份的认同感。有了这种身份的认同，一个人才会觉得生活有意义、存在有价值。当一个人意识到始终不能获得这种认同的时候，他就会倍感失落；而当他感觉到这种认同将要或者正在被剥夺的时候，就会因为受到威胁而奋起抗争。

对那些初出茅庐的交易者而言，除了赚钱盈利，还有一种更重要的渴望，那就是被市场承认。这个时候，哪怕只是取得了一点点小的成就，他们也会迫不及待地给自己唱赞歌了。我曾经培训过一批交易员，当时大家集中在一个大厅里做交易，其中有位交易员，每当赚了一些钱后就忍不住站起身来，假借上厕所的间隙走到其他人身后，装出十分关心的样子问问别人赚了多少；当人家告诉他之后，作为礼尚往来，通常也会问问他赚了多少，于是他终于得偿所愿，告诉别人自己刚才赚钱了，而且是赚了很大一笔。他这种行为很快就遭到了别人的反感，因为在信息的交换当中，有了比较，也就产生了差距。与做得顺手的交易者相比，那些赚不到钱的交易者就会感到技不如人，惶惶不安，这是一种不被市场所认可、找不到出路的焦灼与困惑，并不仅仅是亏钱的懊恼。尤其当他们反复突围都劳而无功的时候，更有一种深深的挫败感。

这种不服输的精神，在那些曾经取得过一些成就的人身上会体现得更加明显。那些自我感觉良好、情不自禁给自己贴上“优秀”标签的人，是决然不肯承认这样的一个事实：别人能够赚到钱，自己居然会赚不到钱。殊不知，这样的抗争不仅于事无补，反而会使心态变得更加恶劣。

就像走在沼泽地里难免会陷入泥潭里一样，“失败”也是交易生活的一个有机组成部分。显然，挣扎、抗争并非明智之举。一旦陷入泥潭，千万不可用力挣扎，脱困需要讲究一定的策略。这一原则同样适用于交易，否则不仅于事无补，反而会使局势雪上加霜。

当有人生病时，无论生的是什么疾病，他都会因此出现程度不同的不适，这时他也会把自己当作病人对待。例如，一个腿伤未愈的运动员，由于无法参加体育训练，会主动向教练请假。如果伤势较重、行动困难，还会主动请求别人搀扶。一般情况下，他并不会因为腿伤而耻于告诉别人、求助别人。然而，许多交易者却不是这样，他们不仅不愿意将亏损的事情告诉同学、同事和朋友，甚至连自己的父母、妻子也不愿意告诉，想着能瞒多久就瞒多久。这种行为说明什么？说明在内心深处，他们根本不承认自己是个失败的交易者。

其实，回撤、亏损甚至一系列的亏损都是市场中的常态，作为一个还不能稳定盈利的交易者，盈利曲线就还有震荡下行的可能，这些都是交易中再正常不过的事情。不过，有些交易者就是难以接受，他们始终认为自己经过了反思和学习，已经掌握了交易真谛，就应该看到交易曲线震荡上行的局面。这实在是把事情想得过于简单了，自我的定位也未免有些自负了。

始终不敢正视现实，这样一来，他们的情绪会变得越来越敏感，也很容易对行情产生过度反应，他们会密切关注有没有遭遇亏损，极力避免亏损，始终厌恶亏损，试图消除亏损。不幸的是，越是这样，在患得患失的情形之下，他们就越有可能顾此失彼，并最终导致更大的亏损。“鳄鱼效应”讲的就是这样的情形。

以上情形总的说来还是对交易的本质理解不深刻的缘故。对回撤、亏损表现出了内心的抵触。要知道，交易其实就是一个随机试错的过程，其中发生的任何事情，交易者都要处之泰然；退而求其次，即使有心理波动，做不到心如止水，起码也要做到坚守规则。只有这样，长此以往才会逐渐平复内心的冲突，交易成绩也才有可能提高。

第四章

交易本身的错觉

但凡做些有难度的事都会涉及技术与心态相互平衡的问题。在一些领域，精湛的技术可能更重要，比如餐饮行业，厨师做菜的技术是吸引回头客的根本；而体育比赛中，运动员除了需要过硬的技术，临场发挥的心态也十分关键；另外还有一些领域，与精湛的技术相比，良好的心态可能更重要，比如杂技演员走钢丝。

对于交易而言，技术与心态究竟哪个更重要？还是心态更为重要，因为不管多么复杂的技术，也都是可以掌握的，唯独心态既看不见也摸不着，临场发挥的时候又具有随机性。恶劣的心态，有很多时候会叫人功亏一篑甚至抓狂。

第一节
差得恐怕不只一点儿

期货市场充满了诱惑，尽管有的人已然输得遍体鳞伤，可是依旧痴心不改；即便那些被淘汰出局的人暂时已经失去了做交易的资本，可依然对这个市场念念不忘；更令人费解的是，有很多人已然历经了几番轮回，可依旧不肯放弃。这个市场到底有什么魔力？交易者这种“执迷不悟”在局外人看来，实在是难以想象。

不死心，也就意味着仍然没有绝望；没有绝望，也就意味着感觉自己还行。平心而论，我们很难评判交易者的这种感觉的是非好坏，他们之所以还没有感到彻底绝望，就是因为这个市场总能给他们希望，让他们感觉距离成功似乎“只差了那么一点点”，只要改正了缺点就可以稳定盈利了，不仅可以将以往那些被“鲸吞”“蚕食”的失地一举收复，还可以创造辉煌，实现财务自由。正是这种“只差了那么一点儿”的想法，支撑着他们不敢、也不愿正视现实。

在一系列的交易过程中，交易者一定会遇到各种各样的情形。这就是说，无论是谁，不管交易水平如何，只要他所做的交易不是数量极少的几笔，那么他就一定总能或多或少体验到赚钱的愉悦，甚至在机缘巧合的时候，还有可能大赚一笔，而绝不可能只有亏钱的经历。这样一来，那些赚钱的经历就会成为交易者内在的力量，让他们感觉自己还不是完全的一块废料，还有努力的空间，尤其是当所有这些交易都是交易者用心去完成的时候，就更是会激发他们这样的想法。他们很自然地会将这种成功归于自己的努力。

为什么说只要多交易几次，交易者必然会有赚钱的经历呢？这其实也不难想象，期货自诞生之日，天然就有两个交易方向：既可以先买入再卖出，也可以先卖出再买入。在任何一个点位，只要有成交，买方与卖方的数量必然是相等的。这也就意味着，就单笔的交易而言，假设不考虑手续费的因素，整个市场盈利的概率就是50%；如此一来，在期货市场上偶然做对了方向，赚到了一些钱，又有什么好奇怪的呢？

尽管如此，赚钱与亏钱给人的感觉却是完全不一样的。尤其是在经过了一段时间的学习之后，如果赚到了一些钱或者盈利的次数多了，交易者很容易就会产生一种“登堂入室”的错觉，他们往往会把盈利归功于自己的努力，而不会把它看成是偶然的、运气的因素。相反，如果他们亏损了，也会把原因归咎于客观条件。这种认知方面的错觉就是“自利性归因偏差”。

我认识一位交易者，在2010年股指期货还没有上市之前，曾经有过一次做黄金期货十分成功的经验。他入市的起始保证金大概是3万元，在看对了一次方向之后，不仅死捂着不放，并且中间还加了几次仓，就这样，过了一段时间等他平仓出来的时候，账面的盈利已经达到了60余万元。这的确是一次很了不起的经历，令他激动不已、久久难忘。后来他又继续做黄金期货，还想再次体验到那种激动人心的快感，不幸的是，没过多久，他不仅把赚来的钱重新输给了市场，而且还亏出去许多。

尽管在明眼人看来他的操作水平实属一般，应该将那次胜利归功于偶然的运气，可是他自己却不这样认为，每每与别人闲谈的时候都会谈到那段美好的往事，而且俨然已经将自己看成了一位高人。后来，他甚至连用于交易稍大一些合约的保证金都拿不出来了，他反倒认为，那是运气比较差的缘故。他固执地认为，有朝一日市场还会再次青睐于他，让他再次创造辉煌。这恐怕就是一个再典型不过的“自利性归因偏差”的事例了。

在期货市场上赚了钱，甚至偶尔赚了大钱，都是稀松平常的事，除非你大捞一把，随后就远离了市场。事实上，“只亏不赚”与“只赚不亏”都十分罕见，大多数的情况是“时赚时亏”，这才是从事交易的常态。正是这种“时赚时亏”迷惑了交易者，叫他们误以为距离成功似乎只差了一点点，这种错觉实在害人不浅。

曾经有一些科学家研究过这种“差点命中”的诱惑机制，他们特地构建了一套精巧的装置用来测试老鼠的行为。他们在一个笼子的上方装了三盏灯，如果三盏灯同时亮起，老鼠只要按动一下杠杆，就可以得到一小团食物作为奖赏。如果在三盏灯没有同时亮的时候，老鼠按动了杠杆，就会受到惩罚。这个时候，老鼠就需要等待好几分钟，灯才会再度亮起来。等待，即使对于老鼠来说，也是无比难受的煎熬。

经过一段时间的适应，老鼠会发展出什么样的行为模式呢？在三盏灯同时亮的时候，老鼠会义无反顾地按动杠杆。不过在只有两盏灯亮的时候，也就是“差点命中”的时候，它们也会频频按动杠杆。这表明“差点命中”对老鼠同样具有吸引力。“差点命中”会欺骗它们的脑细胞，让它们误以为赢了。“差点命中”与“命中了”都一样可以促使老鼠的脑细胞分泌出更多一些的多巴胺。从这角度来看，“差点命中”与真正的获胜并没有什么差别，同样都能激发奖赏回路。

在“差点命中”的时候，为什么哺乳动物的大脑也激发了奖赏回路？这是因为，大脑需要一个记录进步的鼓励机制，如果我们的大脑只会因为成功而兴奋，就会由于过多的失败而选择放弃，而在“差点命中”的时候，也激发奖赏回路，就可以持续激发我们的信心，从而有利于不断改善技巧。比如：学习打篮球，最初投篮时，球会满场乱飞，之后我们的技巧会慢慢地变好，投篮也会越来越接近篮筐，有时甚至会投进去，相当激动人心。

在交易中也是如此。这项有用的功能被概率游戏误导了，多巴胺神经元就像大脑中的拉拉队员一样，鼓励交易者坚持不懈地玩下去。认清楚这一点很重要，交易者将不会再沉浸在虚幻的成就当中了，这无疑有助于那些沉浸在自己成就感中的、自欺欺人的交易者真实、客观地评价自己的水平。

只要是做交易就必然有亏有赚，可同样都是有亏有赚，成功者与失败者之间的区别却是显而易见的：在亏亏赚赚中，有的人逐渐积累了资金，最终实现了盈利；另外一些人却逐渐损失掉了越来越多的资金，一直处于亏损的泥沼中而不能自拔。也就是说，在来回的震荡中，有的人业绩曲线是往上走的，有的却是向下走的，这两者是有本质区别的。

尽管有些残酷，可这就是事实：一个交易者的业绩曲线倘若不能在震荡中保持稳定的上行，那么他基本上也就没有什么水平；如果他始终不能摆脱这种“自欺欺人”的错觉，还想跻身于赢家之列，简直无异于水中捞月。遗憾的是，许多交易者并不觉得“不稳定”是一个多么严重的问题，反而有一种得过且过的心理。这种得过且过，一方面确实是认识不清的缘故，另一方面也有讳疾忌医的成分。说白了，就是害怕真相一旦揭露出来，脆弱的感情接受不了。

第二节 交易秘籍并不存在

会者不难，难者不会。做交易对有些交易者来说是那么得心应手，气定神闲地敲敲键盘，一笔一笔的钱就赚到手了；对另外一些交易者来说，这个过程却比登天还难，纵然绞尽脑汁、挖空心思，最终还是一无所获，甚至亏得血本无归。穷者越穷、富者越富，这种两级分化的“马太效应”在市场上表现得淋漓尽致。

那么凭什么有些人能够大赚，另外一些人却总在亏钱呢？成功者与失败者到底存在什么差异？人们按照习惯性的思维猜想，有的人之所以能够赚钱，必定是掌握了别人所不知道的秘笈。这种想法似乎也很合情合理，毕竟在现实世界里，一旦掌握了核心技术，就会比同行获得不少的领先优势。也正是基于这种想法，至今仍然有许多人在孜孜不倦地钻研着交易的“核心技术”，企图有朝一日破解市场的密码，从而一劳永逸地立于不败之地。

市场中到底有没有秘而不宣的诀窍呢？我们还是来听听成功者自己的说法吧。

在金融史上曾经有个著名的“海龟训练班”，发起人理查德·丹尼斯认为，操盘手完全可以像养海龟那样被培养出来。为了验证自己的想法，他招募了一批学员，最终培养出了二十几名合格的操盘手，其中成绩最突出的柯蒂斯·费思。在几年的时间里，费思为丹尼斯赚了3000万美元的利润。费思曾说过一段耐人寻味的话：“秘而不宣的诀窍并不存在。事实上，我实际使用的方法比其他大多数海龟都简单得多。”

关于这一点，我们也可以从交易团队的培训实践加以证明。在上海有各色各样的交易团队，为了将业务做大，有些团队也会定期不定期地招募一些学员，目的就是要把他们培训成合格的操盘手。这些人过来之后，一般都会由核心人物传授给他们一些交易策略，然后要求他们按照这些策略进行为期或长或短的模拟盘交易。在模拟交易阶段，按照团队运作的常规，也会时不时地将一些“不适合做交易”的学员淘汰。那么这些团队按照什么标准取舍呢？主要还是看他们有没有掌握交易策略，以及模拟成绩的好坏。经过几轮筛选，剩下的学员将有望获得进入实盘交易的机会。

从这个流程我们不难看出，凡是有机会进行实盘交易的学员，必然是已经掌握了交易策略的，并且也是在模拟盘当中能够稳定盈利的，否则没有哪个团队会轻易让他们拿着真金白银去试错。如果按照通常的理解，一旦掌握交易秘笈就可以无往而不胜，那么他们的实盘操作也就应该很快盈利才对。然而事情远没有这么简单，交易者在实盘中的表现可谓千差万别，经过一段时间的磨合，有的能够在实盘操作中渐入佳境，有的则惨遭市场淘汰。在这些团队里，也没有谁会认为只要掌握了技术就可以万事大吉了。这就说明，仅仅掌握了交易技术、交易策略，距离稳定盈利还是有段距离的。由此可见，掌握了交易策略也未必就能盈利。

稳定的盈利其实也并不像人们想象得那样，需要十分复杂的技术。也许，这一点很难得到认同。对于大多数人来讲，赚钱就意味着某种程度的成功，而成功又怎么可能轻而易举地得到呢？有一首流行歌曲不是这样唱的吗，“没有人能随随便便成功。”在一个绝大多数人都亏钱的市场上，人们无论如何也难以接受这样的事实，仅仅使用简单的方法居然就能盈利。

这种想法也是一种思维定式，这是直接受到了交易之外其他事件的影响。只要看看那些但凡取得某种成功的人士，有哪个不是付出了艰辛的努力。科学家要想证明一些道理、发明一些东西，得下多少工夫、做多少次试验？艺术家要想取得一定的成绩，又得经过多少年的基本功训练？还有那些在奥运会上取得了冠军的运动员，站上领奖台之前，又得在训练场上洒下多少汗水……凡此种种，无一例外地向人们揭示了一个道理：要想取得成功，必定需要付出艰苦的努力。有的人甚至会说，即使对于交易而言，不也同样如此吗？有的人即使终日孜孜不倦地钻研，依然也没有什么收获，又怎么能说，交易不需要复杂的技术？

在这个问题上，还真的不是这样。交易的好坏，既与复杂的技术无关，也与努力的程度无关。交易有其独特的规律，要想做好交易，首先就要搞清楚交易的难点究竟在哪里。

这个难点，显然不是技术。交易当然离不开一定的技术、策略，但是这些东西本身并不复杂，也用不着花费太大的工夫，应该也就可以掌握了；掌握之后，即使有人愿意再多花一些工夫，也不大可能获得更大的收益。有人可能还要继续追问，怎么知道技术掌握得到位不到位？或者技术还需要不需要改进呢？这其实是很容易判断的，你不妨看看，别人采用了这种技术能不能稳定赚钱？或者把你的技术运用到模拟盘中，看看能不能赚钱？假如得到的答案是肯定的，唯独你不能在实盘中赚钱，那么就可以初步判断，你交易中存在的问题并不在技术层面。

交易的难点主要在于临场发挥时的心态。心态的好坏，与个人智商、学历、经验的关联都不大，并不是谁的学历更高就会做得更好；也不是谁在这个市场中待得时间比别人更长、经验更丰富，谁就做得更好；交易场上的较量往往取决于心态的好坏，这与个人的努力程度也没有多大关系，有的人下了很大功夫，看了各种各样的书，听了各种各样的讲座，可到头来成绩依然没有显著改善；而有些人似乎不费吹灰之力，做起交易来却得心应手。

这表明心态的修炼全然不同于技巧的训练，不是单凭简单的努力就可以达到目的，这其实是一种需要综合平衡的艺术。如果交易者领悟到位了，不见得需要付出多大努力即可登堂入室；可如果交易者领悟不了，任凭他百般努力，到头来可能依旧收获不大。

还有一个原因，也为心态的修炼增加了难度——心态与一个人的阅历、精神状态、性格等息息相关，根本就不是常规努力所能改善的，好的心态只能靠意识形态方面的综合提升而逐步改善。

第三节

身不由己的困扰

橘生淮南则为橘，生于淮北则为枳，其间的差别仅在于地理位置的不同；鳄鱼蛋产下来的时候都是一样的，仅仅是因为孵化的温度不同产生了雌雄差异。如果巢穴的温度保持在 32 ~ 33 摄氏度，孵出来的鳄鱼就是雄性的；超过或者低于这个温度范围，孵出来的鳄鱼就是雌性的。好的交易与坏的交易之间，其实也没有本质的区别；只是在执行的过程中，行为发生了些许的变故，就足以造成谬以千里的结果。

再好的交易策略也需要充分执行，可惜只有少数人能做到这一点，大多数的交易者总是会“身不由己”地犯下这样那样的错误，策略的效果也就会大打折扣，甚至损失惨痛。

为什么执行到位竟然如此艰难？因为在关键的节点上，交易者往往身不由己，在交易者的大脑中，非理性与理智之间发生了剧烈的冲突，他们的心智已经完全被非理性的情绪所掌控。不论对谁来说，这都是一种十分尴尬的局面。我们还是先来看一些类似的情景，也就清楚这究竟是怎么回事了。作为一个身体健康的人，在寻常环境下，走路、跑步、跳跃应该都不成问题。不过，这也只是在常态环境之下的常规表现而已。一旦所处的环境发生了巨大变化，一个人还能安之若素吗？我相信，有的人完全有可能吓得连路都不会走了。

我们不妨设想一下这样的情景：在两座山峰之间，架设一座窄窄的独木桥，两边没有任何保护设施，下面是万丈深渊；在独木桥的另外一端，堆放着金银财宝的奖赏；如果掉落下去，你就会粉身碎骨；如果走了过去，你就会腰缠万贯。在这样的处境中，你还能气定神闲、从容不迫地继续往前走吗？如果你觉得这不足以说明问题，可以看看《赌博默示录》这部日本电影，相信看过了类似的桥段，你一定能感受到那种血脉偾张、头晕目眩的情景。

让我们再来看一个更为真实的例子。“东方明珠”塔是上海的地标性建筑之一，该塔的第二个主球体内有一处悬空玻璃走廊，距离地面259米。该走廊的地面是由超强超厚的钢化玻璃铺就而成，这些玻璃每平方米可以承受2吨以上的重量。从理性的角度分析，在安全方面，观光廊应该不成问题。透过观光廊地面的透明玻璃，游客可以俯瞰陆家嘴周边的各种建筑。然而，很多人就是死活也不敢踏上观光廊，即使有人勉强站上去，也不免有些心惊肉跳、腿脚发软；有的人甚至吓得连腰都直不起来，直接趴在了玻璃地面上。看到这样的场景，大家是不是感觉很有意思呢？

试问，在这种情形之下，难道是这些人不具备正常行走的能力吗？显然不是！难道是因为他们不知道脚下的透明玻璃足够安全可靠吗？显然也不是。即使他们不知道玻璃最大负载的准确数据，只要他们的眼睛没有问题，也分明可以看到许多人走在上面又蹦又跳是不存在任何问题的。

明明知道脚下的玻璃足够安全，却依然情不自禁地感到腿脚发软、洋相百出，究竟是什么原因造成的呢？如果人的行为仅仅服从于理智，那么上述行为就很难理解了。通过这些人的行为，我们分明看到，其实左右人类行为的原因除了理智之外，还有另外的巨大力量，这就是非理性的因素；在一些非常时刻，正是这些非理性的情绪左右、干扰着人们的行为，使得他们做出了连自己都觉得不可思议的举动。由此可见，非理性的强大力量是足以战胜理智的。

现在我们再回到执行不到位的问题上。在实盘交易中，交易者之所以执行不到位，也是因为对亏损的恐惧被不由自主地激发出来，那种恐惧感是如此真切，以至于不管交易者怎么试图稳住自己，常常还是无济于事，这种非理性是理智难以战胜的。

我们说，交易的时候，交易者必须要有良好的心态。那么什么是良好的心态呢？其实就是一种近乎“麻木”的状态，也就是对于盈与亏都没有任何感觉的状态，只有这样才不会引起情绪太大的波动。这当然是很难做到的，因为人毕竟不是机器。在透明观光廊里，只是因为地面变成了玻璃，人的行为就会发生如此之大的变异。面对与自己切身利益息息相关的资金起伏，交易者又怎能淡然处之呢？

在承受巨大压力的情况之下，为什么交易者的行为也会跟着发生变异呢？这是因为在这种境遇之下，他们已经很难保持必要的专注了。在这个时候，交易者分心了，有很大一部分精力发生了转移。也就是说，在恐惧的影响之下，交易者照顾自己脆弱的情绪尚且没有余暇，更别提其他的动作规范了。

环境的改变激发了交易者情绪的变化，情绪变化又引发了行为的非理性变异。没有情绪的因素掺杂其中，交易者可以赚钱；一旦有了情绪的、心态的因素掺杂其中，交易者就赚不到钱。心态在交易过程中所起的作用就是这么微妙：掌握了同样的策略，还是照样不能赚钱，对于许多交易者来说，他们所欠缺的，其实就是一个良好的心态。

有句话说的是，“艺高人胆大”。所谓的“艺高”是什么？就是自己的本事大、掌握的技术好，这样就可以获得一种对于事物的把握感。这似乎给了我们一个启示，提高技艺是增加胆量、消除恐惧的一个途径。很遗憾，这话对于其他领域也许行得通，不过对于交易，则有待商榷。

问题的关键在于，交易领域的技术、策略并非那种“明确无误”的刚性技术，比如对于历史考试，如果你记住了年代、史实，那么人家考你的时候，你就完全可以信心十足地写下来。可交易方面的技术全部都是相对的，都是经验性的总结，都具有不完美性，因而也就不具备“丁是丁，卯是卯”的确定性。正是因为这一点，在交易中让许多交易者心里不踏实，就此开启了寻找“确定性”的旅程，就此开启了精研技术的反复循环，但这完全是在做无用功，因为交易的“确定性”根本就不存在。如果交易者始终不能做到“敢于直面惨淡的人生，敢于正视淋漓的鲜血”，指望通过其他途径来获取“安全感”，就会常常被非理性左右，这是交易中的大忌，大家一定要有所警醒。

第四节 心态调整任重道远

要是懵懂无知也就罢了，在不良心态的主导下，许多错误“明知故犯”“犯了又犯”，在扼腕叹息之余，交易者常常也是百思不得其解。

不良心态对于交易的困扰，大致具有两种轻重不同的状况：一种是由于侥幸而导致的心态不好，另一种则是由于交易严重受挫之后引发的“恐惧”和“自信心不足”。

我们知道，交易是一门艺术，面对一系列并非“非此即彼”的中间状态，很多时候是需要灵活处置的，一旦把握不好“尺度”，心态失衡，就会大概率地导致自己追悔莫及的后果。

这类心理处于一种“似有若无”的状态，总是附着在具体的交易行为上，而并不会单独出现。这类心理往往在交易当下才会发挥作用，具有一定的隐蔽性，发生与否也具有很大的随机性，因而难以提前防范，常常都是造成了不该有的亏损，事后通过检讨反思才能发现。

要克服侥幸心理，需要增强自律，制定完备的交易计划。具体来说，首先要在交易之前给自己列一个行为清单，要明确说明应该做什么，不应该做什么。只有确定了行为规范、行为准则，才能与实际发生的行为进行对比，才不至于陷入不自觉犯错的境地。

其次要有大局观，要逐渐习惯盈盈亏亏的节奏，不必纠结于个别交易的完美，要视过程中出现的任何状况都为正常，为此，必须努力将“以结果为导向”的思维扭转为“以过程为导向”。这就是说，不要考虑一城一地的得失，要将注意力焦点定位在交易规则方面。要相信一点：只要做好自己应该做的事情，不做不应该做的事情，整个过程都执行到位，优异的成绩自然会水到渠成。如果交易者确实转变了观念，那么就不会因为暂时盈利而沾沾自喜，也不会因为暂时亏损而心烦意乱，始终保持客观冷静的态度来观察行情。

除了“侥幸”这种轻微的不良心理，还有一些更为严重的不良心态则是致命性的，最常见的是交易者被极端的“恐惧”心理所吞噬，彻底丧失了行动力。一旦处于这种状态，交易者好像除了祷告，已经身不由己了，这种状况无一例外都发生在遭遇到极端的亏损之后。这个时候，每个行动似乎都变成了异常艰难的“生死抉择”，交易者生怕“一念之差”就会造成不可挽回的巨大损失。通常这个时候，交易者绝对不会“主动”平掉亏损的头寸，因为那样代价实在过于惨重了。如果尚有多余的资金，他们可能还会忍不住采取平摊成本的策略；如果没有，他们就会死扛到底。如此一来，万一没有赌回来，结局也就可想而知了。

不良心态都是非理性造成的。非理性的威力是如此之巨大，交易者又该如何克服呢？俗话说“惹不起，躲得起”，最好的办法就是与“非理性”保持足够的“安全距离”；换句话说，就是要在你“无能为力”时承认自己的失败，力求避免沦陷到非理性的“势力范围”。要想做到这一点并非易事，这就涉及对自己的认识了，交易者一定要掂量掂量自己的意志是否足够强大，如果你的意志和自制力并没有自己臆想得那么强大，就不要再逞强了，否则就是自不量力。

那么如何确定“无能为力”的底线呢？这条底线的设立，一定要在你能够承受的范围之内，最好是在毫无负担的范围之内。切记：这是一条“生命线”，交易中一个关键的“临界点”，一旦越过，随着时间的延长，止损就会变得越来越困难。

从操作层面来讲，我们应该按照上述原则来做交易。不过，要想将心态彻底扭转，达到毫无芥蒂的境界，还需要消除“非理性”对亏损的厌恶。这又怎么讲呢？我们还是借用几句佛家的偈子来说明这个问题吧。如果你打心眼里对亏损是厌恶的，那么趋利避害的手段也只能是“时时勤拂拭，勿使惹尘埃”了；即使你能够做到，也还是会比较勉强，也还会有动作不顺畅的时候，因此依然还是不够彻底。要想在心理上毫无阻力，动作达到犹如行云流水一般的流利，交易者就必须学会彻底接受亏损，行动起来自然也就不会拖泥带水了。

有人可能会问：许多“行之有效”的交易策略难道不是已经被别人的交易实践所证明了吗？尤其是那些经过了模拟交易检验过的策略，不是已经证明给交易者自己看了吗，怎么在执行时，还是难以到位？

因为，这些策略只得到了理性的认可，依然还没有取得非理性的认可。修炼心态其实就是一个说服非理性、与理智保持一致的过程；理智与非理性之间由于缺乏有效、直接的转换方式，因而修炼心态必须循序渐进，千万不能操之过急。

说服非理性，尽管不容易，不过确实能够做到。这就好像那些站在“透明观光廊”周围胆战心惊的人，可以尝试着先把一条腿放上去，接着两条腿都站上去；感觉没问题，再走几步试试，就是这样慢慢地适应，慢慢地也就不再感到恐惧了。消除交易中的恐惧，也应该遵照同样的原则，循序渐进地展开。这个过程因人而异，有的人可能会经历很长时间、付出高昂的代价，对此交易者要有足够的耐心，切不可期望过高、操之过急。

第五章

分析、预测的困扰

“工欲善其事，必先利其器。”就是说要想做好一件事，首先要有得心应手的工具。如要想探索宇宙秘密，必须借助天文望远镜；要想窥测微观世界，必须使用显微镜……那么做交易又需要什么工具呢？许多人顺理成章地就会想到技术分析、基本面分析之类的工具。

没有交易技术肯定不行，光讲心态，就成了空中楼阁，与此同时，也要认识到：过犹不及。过分迷信技术肯定也是行不通的，因为各种技术分析都是历史经验的总结，照搬过去的框架，套在当前的形势，预估未来的走向，必然不可能做到严丝合缝的对接。简而言之，为了杜绝“削足适履”，探究一下各种分析工具的不同特点，也是必要的。

第一节

基本面分析的局限

对于期货交易而言，基本面分析的核心就是“价值投资”。大家都知道，基于供求之间的关系，价格会发生相应的变动：供不应求，价格就会上涨；供大于求，价格就会下跌。也正是如此，依据“内在价值”进行投资的交易者内心总觉得自己是站在了“理智”的一边；每当基本面支持他们的判断、走出了预期的行情时，他们也会由此而获得更多的自信。

有些人甚至还把这种分析升格为了一种坚定的信仰，他们笃定地认为，一旦基本面发生了根本性的变化，必然会带来行情趋势的彻底扭转。这确实是有一定道理的。不过与此同时，我们也要认识到基本面分析的结果不仅粗糙，而且具有一定的误差。

首先的问题是，交易者是否有能力得到全面而准确的信息，并且有能力进行正确的分析、解读？有些趋势是多方面的因素综合造成的，要想准确预测趋势，就需要了解所有这些因素，但这很难做到。如此一来，其中有些因素正在发生着关键作用，却并不能为我们所感知。

这种无能为力一方面受制于自己的知识水平、信息渠道，另一方面也可能是刻意被人为误导、蒙蔽的结果。所谓“兵不厌诈”，甲乙双方立场不同，一方为了战胜另一方，除了会动用优势资金的实力，散布一些假消息或者刻意隐瞒一些真消息也有可能会成为一种备用的选项。尽管有关监管部门出台了一些法律法规，不过依然难以根除这种可能性。如果明面上不敢明目张胆，暗地里打个擦边球，也会叫人防不胜防。

即使交易者能够获取全面而真实的信息，但如何解读这些信息，同样也是一种考验。很多时候尽管大家得到了同样的信息，所得出的结论依然会存在分歧，甚至是截然相反。我们不妨来看一个快要被讲烂了的小故事：

有两家制鞋公司为了开拓市场，往世界各地派出了许多销售人员。他们不辞辛苦地搜集有关鞋的需求信息，不断将信息反馈给公司。有一天，A 公司听说热带地区有个未曾开发的海岛住着许多居民，于是赶忙派人去了解情况，B 公司也及时跟进。两家公司的销售人员登上海岛之后，发现那里相当封闭，岛上居民祖祖辈辈以打鱼为生，与外面的世界几乎没有什么来往；他们还发现岛上居民几乎全是打着赤脚，只有那些在礁石上采拾海蛎子的人为了避免礁石硌脚，才会在脚上临时性地绑上一些海草。销售人员的到来也引起了当地居民的关注，一时议论纷纷。最让当地人感到惊奇的是销售人员脚上的鞋子，他们并不知道鞋是什么东西，甚至感到纳闷：把那玩意儿套在脚上，不难受吗？A 公司的销售人员看到此情此景，不禁有些灰心丧气，于是就离开了海岛。他在给公司的报告中写道："此海岛居民祖祖辈辈都喜欢打赤脚，并没有穿鞋的习惯，根本不具备开发新市场的可能性。"B 公司销售人员的态度则恰好相反，认为这里是极好的市场，销售潜力十分巨大；于是就留在岛上，挨家挨户地做宣传、做示范，努力改变他们赤脚的习惯，同时还将带去的样品送给部分居民试穿。这些居民穿上鞋后，感到松软舒适，再也不用担心走在路上扎脚了，于是就纷纷向其他居民宣传穿鞋的好处。一传十、十传百，没过多久，这个市场就此打开了。

这则小故事用来说明看到同样的信息得出截然相反的结论似乎分量略显不足，我们不妨再来看一些现实生活中的例子，这样的事例比比皆是。如面对不断高涨的房价，始终就有一部分人顽固地唱衰，也总有一部分人坚定地看好。在那些唱衰楼市的人中，有不少还是重量级的"经济学家"。他们身上的各色头衔，说出来简直能把人吓死。你看他们站在台上，言之凿凿，列举了各种冠冕堂皇的理由，看起来态度如此之真诚、证据如此之充分，结果得出的结论却常与事实相去甚远。具体到交易，又何尝不是这样。在任何有成交的时候，必然都有人看涨，也有人看跌，问题是，专家有时候都会看走眼，你有能力看对吗？

信息的静态解读已然存在这些问题。与此同时，基本面也并非一成不变，而是呈现出力量此消彼长的态势，这样就有可能使原来具有优势的一方失去原有的优势，甚至沦落成为劣势的一方。这种情形也是经常会发生的。具有一定实力的对手，可能会出于自救的目的，采取一些非常手段，从而给行情带来非同寻常的异动。这种手段是情急之下采取的应变措施，根本不遵循通常逻辑，恐怕就连当事人自己都始料未及，至于别人就更加防不胜防。对此，我们还是以一个小故事加以说明：

借着司马昭弑杀魏主曹髦的机会，姜维带领蜀军对魏国实施了第八次征讨。为了抵御进犯，王瓘向邓艾献上一条“诈降计”。可惜这条妙计不仅被识破，而且还被姜维利用了。中了埋伏的魏军被打得丢盔弃甲、四散溃败，就连主帅邓艾也慌忙弃马步行才勉强保全了性命。蜀军原本有望大获全胜，可就在这时，却发生了一件意想不到的事情，改变了整个战局的走向。击溃了魏军主力后，反过头来，姜维就要收拾王瓘了。按照常理，王瓘会舍命逃回魏国；可万万没有想到，情急之下，他反而杀奔了相反的方向。因为兵少，又担心追兵赶上，王瓘放火将沿途栈道及各处关隘全烧毁了。姜维害怕根据地有失，只得放弃对邓艾残部的清剿，连夜抄小路去追王瓘了，最后硬是逼着他跳江自杀了。事后，为了发泄愤怒，姜维把俘虏来的魏兵全都活埋了。尽管姜维战胜了邓艾，也结果了王瓘，却也损失了许多粮草、毁了栈道，最终也只能悻悻然地带着队伍退回了汉中。

在这个故事当中，姜维原本是可以大获全胜的，可由于王瓘失败后不按常理出牌，导致蜀军的优势丧失殆尽。最终，这次北伐又一次无功而返了。做交易，对于多空主力双方而言又何尝不是在打仗呢？因此，千万不能简单认为基本面的某种状况必然导致什么样的结果，还要考虑到各种非常规因素。

综上所述，由于行情的运行具有一定的复杂性，要求基本面与行情一一对应也就不大可能了。有时候行情会领先于基本面的变化，有时候又会滞后于基本面的变化。这就意味着并不是市场一旦由“供不应求”转变为“供大于求”，行情就会立刻由上涨转为下跌，反之亦然。所以在做基本面分析的时候，无论交易者自信有多大把握、有多大优势，也不能孤注一掷，一定要给自己留有足够回旋的空间，不能只想着押对了宝可以大赚，还要想到押错了宝可能会输得很惨。

第二节
技术分析的局限

与基本面分析需要掌握一些专业知识相比，技术分析具有简便易学的特点，因而也拥有了更为广大的拥趸。从事后的图表、数据来看，行情的技术分析指标、形态与教科书上所说的总是能够完美地一一对应起来。于是，就有人这么想：如果参透了技术分析的真谛，岂不可以大赚特赚了？

遗憾的是，事情的真相远没有这么简单。在交易之前，技术分析一样只能勾画出行情的大致轮廓，其中不清晰的地方依然需要交易者自己去解决。那么何以事后看起来，技术分析与行情又总是呈现近乎完美的“一一对应”关系呢？其实这也并不难理解，因为所有的技术分析工具都是根据行情的数据推演出来的，这就好像人和自己的影子一样，人只要走到有光的地方，必然就会出现影子；人如何移动，影子也会相应移动。那么反过来，为什么我们不能由影子的移动来推演影子的主人的动向呢？道理同样也很简单，人是不可能受影子摆布的，具有主动性的只能是人，而不是影子。正是由于这个缘故，据由影子的动向来推测人的动向，其准确性必然也是有限度的。

我们可以假想一下这样的场景：在北半球，一个人于中午时分在街上走着，我们就可以看到这个人北面的地上，拖着一道浅浅的影子。这时候，不论这人往东南西北哪个方向走，我们都可以看到跟随着他的影子。不仅如此，我们还可以通过影子看出来这个人的行进速度。如果他走得很慢，影子移动得就会很慢；如果他猛然撒腿跑了起来，影子也会跟着一道变快了起来。人的这些动作，都是可以通过他的影子观察出来的。在这个基础上，看着影子推测人的动向也不是不可以，然而揣测的准确率必然是有限的。许多时候，主人走着走着，猛然要加速了、突然转变方向了、莫名其妙又调头了……这些动作都有可能发生，但都不会事先通知影子。总之，只要事先没有什么征兆，主人不再依据惯性的原则行事，通过影子也就很难推测主人的下一步走向了。

这个道理同样适用于技术指标与行情之间的互动。请千万记住：行情永远是第一位的、处于主导地位的，技术指标永远都是第二位的、处于从属地位的。正因如此，交易者依靠技术分析来揣测行情未来的走向，适用性必然是有限的。这就是说，各种技术分析工具所揭示出来的信号有时候是准的，有时候是不准的；至于什么时候准，什么时候不准，则需要交易者自己判断。这意味着，交易者绝不能死搬教条，而要学会灵活发挥。正所谓“运用之妙，存乎一心”。也是从这个角度出发，技术分析并非一门精密的科学，只能算一门艺术。

事实上，技术分析所能提示的信息，通常也都可以通过交易者对市场的感觉获得。比如，横盘整理的时间长了，即使不看乖离率，也不难得知乖离率一定是比较低的；上涨的时间长了、幅度大了，或者下跌的时间久了、幅度深了，又或者来了一波急涨急跌，正常的感觉也同样可以告诉你，这样的行情难以为继，快到反转的时候了……这些情形，几乎就是一目了然的事情，又何须画蛇添足，求助于技术分析？

那技术分析何以大行其道？究其根源在于，人们不敢相信自己眼睛看到的结果就是行情本来的面目；他们相信在表面行情的下面，另外还隐藏着不易被人察觉的秘密。因而还需要发明一些别的工具，对这些表象加以甄别、过滤、分析，才有可能看清楚市场的真实动向。正是出于这样的目的，好事者将行情的变动抽象为“价格”数据，将某一时间段对应的成交活跃程度表示为“成交量”；又在这个基础之上，衍生出了许多指标，并以可视化的形式标示在图表上。

仔细分析一下这个过程就不难看出：得来的结论采用的依然是过去发生的数据，与未来并没有任何关系。从本质来讲，这些指标，只不过是针对过去行情的、改头换面的跟踪记录而已。那么，这些原本记录过去的东西，何以又被用来预测未来了呢？

因为技术分析工具的发明者在回顾这些指标、形态的时候，发现它们与行情之间存在着某种关联。于是他们进一步提出了一个假设：历史总是会重复上演的。如果我们一直拿着过去的数据进行比对的话，就会越发感觉到，这确实是有一定道理的。这也就难怪那些迷信技术分析的交易者会笃定地认为：破解未来走势的密码就隐藏在过去的数据里，甚至认为未来就是历史的翻版。然而，历史绝不可能简单重复，技术分析也只能是经验性的、大致的估计，预测的正确与错误都存在着一定的概率。

可迷信技术分析的人常常会忘记行情与技术分析之间的“主次关系”。于是，在他们的语境里，我们常常能听到诸如“已经严重超买了，行情应该下跌了”“已经严重超卖了，行情应该反弹了”之类的判断，听起来，就好像行情要听从技术分析的指令似的。这显然是存在问题的。

既然指标与行情之间并不存在一一对应的关系，也就不存在标准答案了。如此一来，其中模糊不清的地方，也就依然还是需要发挥人的主观能动性。有意思的是，那些迷信、过分依赖技术分析的交易者，在有些时候，当指标与行情之间、不同的指标之间，出现了相互矛盾的状况，他们常常就会感到无所适从，一时之间竟不知道该怎么办了。比如，在行情最后还有一波大涨的时候，一方面行情还在强劲、有力地往上冲；另一方面 RSI、威廉指数之类的反向指标，已经显示超买了。

我们知道，每个人对信息的选择都不可避免地带有一定的主观色彩。迷恋技术分析的交易者自以为是在使用一种更为客观的依据做决策，实际上他们同样也不能免俗。在他们持有的头寸与行情出现矛盾的时候，也难免会将自己的主观想法强加到对行情的判断中，而且也很容易找到支持自己判断的“证据”。例如，在需要果断止损的时候，如果看到指标显示一切正常，他们往往心生侥幸，产生再看看的念头，这个时候的技术指标就成了他们赖以支撑下去的理由，很可能就错过了最佳的止损时机。

这种情形充分证明，单凭技术分析作判断不仅无助于果断决策，反而会对心态产生一定的干扰作用。交易者一定要认识到技术分析存在的这种局限性。

第三节
正确使用分析工具

分析工具的使用并非越多越好。有人可能不以为然，以为多掌握信息总是有益无害的。这种想法并不正确。打个比方来说，听音乐可以陶冶性情，可如果在射击场上播放就有些不合时宜，因为射击运动员需要的是平心静气、专心致志。工具适用与否，也是相对的，关键还看用在什么场合。场合不对，即使是好东西，也会变成坏东西。

具体到交易中，风格不同的交易者适用的工具也因人而异，绝不是说，无论什么样的交易，都需要进行统一模式的基本面分析、技术分析，如果不分对象、不分场合地乱用一气，不仅无益反而会造成混乱。

超短线交易需要“见风使舵”的灵活性，并不需要周期很长的预测。打个比方，看到一个人往前走，而且速度很快，于是就大胆断言，下面几秒他的行进方向还是向前的。至于下一分钟，他还会不会往前，就不需要再做判断了。因为只需要这么一点点时间的考量，就足够获利了。如果你硬要说，这几秒的判断也是预测的，那就算是吧。然而这种预测，在性质上，与时间跨度很长的预测，毕竟还是大不相同的。就像这个跨度的预测，难道还要什么复杂的工具吗？对于眼前发生的一切，你就那么没有信心？实际上，这种风格的交易，完全不必使用任何分析工具，只要见机行事、眼明手快，就足以应付一切。看对大势而不够果断，最后反而亏钱的事例“笔笔皆是”；逆势而为，只要快进快出，一样可以在回撤的间隙捞足了油水。

复杂的技术与速度必然是一对矛盾。在快进快出的节奏当中，根本容不得做过于复杂的思索，因为时间不允许。一个人的反应速度即使再快，一瞬间的精力也是有限的，参考的信息越多，下单的速度就会越慢，交易的效果就会越差。另外，过多的信息也会带来更多的冲突，将不利于交易者的果断决策，甚至会叫交易者无所适从。从这个角度考虑，判断的依据也是越简单越好。

做超短线交易，行事果断最为重要，讲究的是“眼到、心到、手到”，甚至用“争分夺秒”已经不能形容这种要求了。在时间的把握方面，如果说建仓时由于还没进场，似乎还有时间斟酌一下，那么建仓之后情形就完全不一样了，面对紧急情况如何处置，反应水平的些许差异，都会造成交易结果的巨大差别，这个时候哪还有时间参考什么技术指标呢？

对合格的超短线交易者而言，建仓之后唯一可以稍事停留的理由就是行情依然保持着一定的速度继续向前，只要行情返头了，或者只是速度没有那么快了、行情停顿了，都要果断地、不计成本地、不计得失地立刻平仓。如果交易者完全达到了，或者接近了这种果断程度，那么即使是逆着行情的大势进去，也是可以全身而退，并有所斩获的。反之，若在时机稍纵即逝的瞬间交易者不马上采取行动，而是还要再多看一眼，想着再验证一下，可能就已经为时已晚了。

尽管技术分析在超短线交易当中没有任何用武之地，不过对于短线交易、中线交易乃至长线交易，这套技术还是有一定存在价值的。因为只要是做持仓时间稍长些的交易必然会遇到中间回撤的情形，这就需要甄别行情回撤的性质：到底是暂时的回调，还是彻底的反转？也正是在这样的背景下，才有了基本面分析和技术分析的需求空间。

技术分析的本质是为了什么？许多人会脱口而出，是为了提高判断的准确性。这其实只是交易者表面的需求，更为重要的是，技术分析为交易者提供了一套信念系统。什么是信念系统？就是交易者遭遇难关的时候，让他们坚持下去的一种精神力量。尤其做长线交易时，总是需要对行情进行预测的，总不可能脑袋一热就决定买涨买跌。不仅要判断，还要由此而获得坚持下去的信念。这种信念会根据持仓时间长短、交易风格不同而有不同程度的要求，否则只要中途稍有风吹草动，就会被震荡出局。信念系统的作用正在于此，它告诉交易者：你的选择是对的，你不应该被暂时的假象所迷惑。从这个角度而言，如果技术分析确实能给交易者带来内在的充实感、把握感，适当做些研究也未尝不可。

有人说，经过了一番技术研究之后，分析行情确确实实提高了精准度，这很多时候恐怕是一种错觉。看行情的时候，在没有做出最后决定之前，我们其实有无数次是在“看涨”与“看跌”之间来回摇摆的；与此同时，我们既会为“看涨”找依据，也会为“看跌”找依据，相互冲突的观点彼此消长、时强时弱。经过一番分析之后，必然会有两种不同的结果：要么预测对了，要么预测错了，猜错的时候，事后我们往往会有意无意地忽略掉自己的判断失误；猜对的时候，自然是强化了自我认识，由于这种自利性归因的偏差，往往使得交易者很难正确评估自己真实的状况。

如果想要客观地考察某个模型是否可靠，就不能仅仅只看少数的几笔交易，而是要在更长的时间维度上对比行情，一定要在概率论的指导下进行必要的统计，这个过程会让交易者获得一种全局视角，虽然需要耗费一些精力，不过做过之后，交易者对模型的认知也会更加深刻些，对信号系统的信心也会更加坚定些，这对日后交易肯定是有好处的。

长线交易需要更长的持仓时间，因而也需要更为坚定的信念。这个时候，最好还是以基本面分析为主，辅之以技术分析。基本面分析的基础还是比较扎实的，这是一套建立在“供求关系”之上的理念。尽管如此，这种分析的精准度却是远远不够的。因此，想要找到行情与信息之间的“一一对应”关系，在现实中也是行不通的；要想立竿见影地见效，就更是一件可遇而不可求的事情。

从心理层面来讲，交易者需要信念系统的支持，然而，无论是基本面分析也好，技术分析也罢，所能提供的数据、形态、指标都是中性化的，他们自己并不会讲话，使用的时候还需要交易者自己做出判断。这样一来，交易者得出的任何判断，不论出发点是否保持中立，最终结果依然难免带上主观色彩。他所看到的，往往是他期望看到的；他看不到的，常常都是他不想看到的。这是由人类认知的局限先天决定的，这一点必须明确。既然这样，当判断与行情相悖的时候，交易者也就没有任何固执己见的理由了。因此，我们绝不能孤注一掷。一方面，交易者需要信念来增强信心；另一方面，交易者又不能过于执着，这是需要平衡处理的，交易的难点也正在于此。

第四节
研究技术的心理动机

技术分析所能告诉给交易者的，大多数都可以通过自己的眼睛而获知。可是面对一些行情，有人会说，自己就是看不出来什么端倪。这种情况，要么是这个人不够自信，要么就是行情本身还需要进一步的观望。对于前者，之所以不敢相信自己眼睛看到的结果，是由于他们过于害怕亏损，一味追求交易当中根本就不存在的“确切性”。遇到这种情形，他们真正需要的，其实也不是技术分析，而是树立起自信心。对于后者，也是交易当中经常会遇到的情况，这说明目前的趋势还不明朗；解决的办法非常简单，就是少安毋躁，作壁上观。对于这种情况，技术分析同样也是无能为力的，并不可能提前告诉交易者任何信息。

那么技术分析何以又能应运而生，并大行其道呢？究其根源在于，人们不敢相信自己眼睛所看到的结果，就是行情真实的面目；因而还需要借助别的工具加以确切的证明，才能看清其真实的动向。这其实是一种不尽健康的心态使然。如果有谁企图通过深入研究技术来获得自信心，这种做法注定是很有限的；不仅如此，如果心态的问题不解决，仍然坚持研究技术，还有可能导致更加的矛盾、纠结。

不可否认，有时候亏损确实是由于操作技术、交易策略存在瑕疵造成的。如果确实是这样，适当加以完善也是无可厚非的。不过，这个过程一定要有个“度”的把握。一旦超过了某种程度，恐怕就要检视一下心理了。

可以说，学习、研究是遭遇困境之后的一种心理需求；在交易顺利的时候，这种需求就会极大降低。这种情形就好像，讲迷信的人一旦遭遇不顺，就想要找算命先生打卦问卜一样；而在万事顺遂的时候，他们是很少会想起算命先生的。与此类似，许多交易者一直都在孜孜不倦地钻研基本面分析、技术分析，很多时候与其说他们是为了探究交易的真谛、完善买卖的技能，倒不如说是在寻找一种“把握感”“安全感”。然而很不幸，这种绝对的“把握感”“安全感”在交易的世界根本就不存在。交易的风险无处不在，如果想要在这个市场立足，交易者就必须接受并逐渐习惯这种充满风险的氛围。

几乎可以肯定，做交易总是畏首畏尾、感觉不踏实的人，十之八九都存在一些心态方面的问题。不论基本面分析还是技术分析，本质上都是以往经验的总结，都存在着难以克服的局限性。这就意味着，使用这些工具必然要承受“精度”不够带来的风险与损失，这是每个交易者都不得不面对的现实。交易者只能因陋就简地使用这些工具，与此同时还要想想其他的办法，用以弥补这方面的缺陷。

一心盼望通过刻苦的研究，以便有朝一日能够“开启天眼”，从而看到别人看不出来的先机，这是任谁也完成不了的任务，甚至可以不客气地说，这完全就是一种不切合实际的幻想。在交易者没有任何特殊渠道，只是看大家都在看的东西，那么他就不可能会比别人看到更多的东西。指望技术分析解决所有的问题，到头恐怕也只能是“竹篮打水一场空”了。

无论怎么研究，交易者也不大可能会获得明显于其他人的优势。另一方面，经验老到的交易者也并不妄想“抢占先机”，而更喜欢践行“右侧法则”。也就是说，他们的行动并不是基于预测而来的，他们更愿意看到了行情已然启动，并且趋势明朗之后才进场。他们也不会感觉自己倘或没有在第一时间进场就会很吃亏。实际上，许多人总是担心这个，好像要是没有及时进场就会错过、浪费了行情。这当中其实是自相矛盾的，既然趋势已经确立，它就会保持一段时间；如果不是趋势，那么着急进去也得不偿失。践行“右侧法则”就是提倡多观察、少预测，甚至根本不做预测。

退一步讲，提高了预测精准度，抓住了关键的转折点，就能够保证稳定获利吗？这同样也是个疑问，行情从来都不是一鼓作气地上涨、下跌的，始终以涨中有跌、跌中有涨的方式运行；这就是说，坐上了车，交易者还要忍受行车过程中的“颠簸”。在这个过程中，如果缺乏定力，也有可能被震荡出局，到头来也未必能赚多少。

除此之外，在不可避免亏损的前提下，还要考虑“盈亏比”的问题，还要考虑极端行情之下的处置问题，等等。如果这些问题解决不好，纵然大部分时间都看对了行情、拥有很高的“正确率”，同样也是不大可能稳定获利的。

如此看来，迷恋于技术分析，热衷于精准预测行情，必然是一种不太成熟的、视野狭隘的交易观。沿着这个路数走下去，取得的成果必定是十分有限的。交易之中的亏损，带有一定的必然性，这是必须接受的现实。那些竭力追求“精准”的潜在心理，其实有意无意地就是企图规避这种“必然性”。这种努力不仅不现实，反而会引发一系列的心理问题。换句话说，如果交易者只想着盈利、不想亏损，他的内心充满了矛盾将会是必然的。这就是说，过分地迷信技术分析，不仅不会增长收益，反而有可能误入歧途。

不管内心有多不情愿，交易者都必须认识到：企图获得“精准”是不可能的，想要回避亏损也是不可能的；如果想要稳定盈利，只能在接受了这两个前提条件的基础之上，再另想别的办法。狭隘的交易观，不仅会让人做许多无用功，也容易叫人迷失方向。

交易其实就是“随机试错”。交易市场，并不存在完美无缺的技术、策略，再好的技术和策略也都存在一定的缺陷。这些工具，都只能给交易者提示一个大致的活动范围，并不能总是提供精确无误的入场点与出场点。这就使得交易者无论如何努力，即使操作完美无缺，仍然不可避免要遭遇损失。重视技术分析还是把眼光放到别处，这是一个交易策略的选择问题。如果你坚持错误的理念，早晚都会为此付出代价。

在交易当中，遭遇到困难，乃至一系列的困难，都将是大概率的事件。当此之际，交易者心生疑惑也是在所难免的事情，企图突破困境也是非常自然的想法。这个时候，也是很容易会让交易者感到左右为难的。也正因为如此，交易者就越发要沉着冷静了，而不是“有病乱投医”。

交易者绝不能盲目用功，而是要仔细想想，自己到底缺些什么？如果缺乏的是信心，那么首先要改变的是交易观念。在树立了正确的交易观念之后，不妨再看看，是不是还需要补足交易技术呢？十之八九，恐怕也就没有那个必要了。

一旦转变了交易观念，恢复了自信心，刻苦钻研的需要也就会自然消退了。到了这个时候，交易者再回头去看看技术与策略，依然还会感觉那么深奥吗？他们就会惊讶地发现，原来看似艰深奥的东西，其中并没有什么微言大义，也不存在任何晦涩难懂之处，不过是只“纸老虎”而已。

第六章

观念决定出路

大多数交易者都会集中精力提高交易的“精准度”，这样做是一种很自然的反应，看起来也很有一些道理；不过这却是一种狭隘、片面的交易观念。如果朝着这个方向努力，到了一定程度，必然会碰到“天花板”，同时也会遇到很多难以解决的问题，从而使自己感到身心疲惫。

行情本身是中性的，交易者如何看待它，它就具有什么样的属性。在交易中，由于秉持的观念不同，“压力与恐惧”既可以无所不在，也可以毫不存在，这是两种全然不同的境界。从某种意义上来讲，“压力与恐惧”都是交易者自找的；如果交易者能够转变观念，就能有效地缓解这方面的焦虑。

第一节
盈利的两大支柱

稳定盈利的基石，注定要建立在一片“沼泽地”里。如果在交易中不仅做对了方向，且进去的点位也恰到好处，这当然是件赏心悦目的好事情。这样就获得了一个非常良好的开端，会给后续的操作省去很多麻烦。不过，这种理想的状态是可遇不可求的，如果将其作为追求目标就不太现实了。因为迄今为止，能够预测精准进场点位的交易工具还没人发明出来，将交易建立在“精准预测”基础上是根本行不通的。交易者必须正视这样的现实：交易的常态必然是有亏有赚的；即使是盈利，中间的过程也往往是曲折的，很少有想象得那么流畅、完美；要想稳定盈利，交易者还要想想别的办法。

实际上，“胜算”或者“正确率”只涉及能否盈利的某个方面，并且是相对不那么重要的方面。交易者需要认识到，高胜算的交易并不必然代表盈利；正确率很低的交易也不必然意味着亏损，只有结合交易的质量一并考虑才有现实意义。如果交易质量不是很高，即使交易的正确率很高，也未必就能盈利，甚至很有可能会被几笔大额的亏损吞噬掉所有的利润。

我们来看一个真实的例子。有一位超短线风格的交易者做了10笔沪深300股指期货合约，平仓盈亏的结果依次是：60、180、-240、60、60、120、60、120、-180、60。在这个样本当中，盈利8次、亏损2次，正确率高达80%；如果只是看正确率的话，这个成绩似乎还是不错的。而事实上，这是一组很差的交易，并没有什么值得称道的之处；因为这组交易总的平仓盈亏数额只有区区的300元，如果减去每笔交易当时支出的36元左右的手续费，最后的净盈亏竟然还亏了60元。

我们再看一个相反的例子。另一位交易者的交易结果依次如下：－60、－60、－120、660、－60、－120、1080、－60、－120、－60。在这个样本当中，交易者亏损8次、盈利2次，正确率只有20%；然而由于两次盈利的质量非常高，总的平仓盈亏数额为1080元，减去相应的手续费，净盈亏还有700多元。

这两个样本虽然都小了一些，不过足以说明问题。显而易见，质量不高的盈利即使正确率非常高，也未必就能够盈利。要想保证稳定的盈利，仅仅依靠正确率显然是不够的，还必须找到另外一个支点——“盈亏比”。盈亏比就是用平均盈利除以平均亏损的绝对值，最后得到的一个倍数。

例如，上面的两个例子中，第一个样本的总盈利是720元、平均盈利是90元，总亏损的绝对值是420元、平均亏损的绝对值是210元，用平均盈利除以平均亏损的绝对值，最后算出的盈亏比只有0.43倍。第二个样本的总盈利是1740元、平均盈利是870元，总亏损的绝对值是660元、平均亏损的绝对值是82.5元，最后算出的盈亏比竟然高达10.5倍。

盈亏比这一指标可以用来衡量交易的内在质量，在一系列交易中，交易者要想最终盈利，就要努力提高这一数值。说得简单些，就是要求盈利的时候尽量多赚，亏损的时候尽量少亏。由以上两个例子可以看出，盈亏比显然要比正确率更为重要，那些一门心思关注正确率的交易者，显然是将问题想得过于简单了，好像只要做对了方向、进去的点位合适，一切就万事大吉了。实际上，建仓之后的后续处理远远要比建仓之前的预测重要得多，这涉及两个方面的问题：一是面对浮亏如何处理，二是面对浮盈如何处理。这两个问题处理得好坏，考验的正是交易者的心态。由于行情大多数时候都是以一种“涨中有跌、跌中有涨”的复杂形态发展演变的，就会给交易者带来一定的压力。面对浮亏，如果交易者一厢情愿地想着也许只是暂时的回调，那么必然会变得犹豫不决，就埋下招致大额亏损的伏笔；面对浮盈，如果交易者不够从容，总是莫名其妙地担心眼前的利润化为乌有，常常就会在稍有风吹草动的时候迫不及待地尽快平仓了结；这样，交易的整体质量也就很难得到保障。

在盈亏比的算式中可以看到，提高盈亏比的办法理论上应该存在两种途径：一种是扩大分子的数值，也就是尽力提高平均盈利的水平；另一种则是缩小分母的数值，也就是要尽力压缩平均亏损的水平。

不过只要一联系到交易的实际就不难得出这样的结论：第一种途径实施起来比较困难，也十分不可靠。尽管大家在主观上都希望能尽量多赚一些，不过这却有一定“靠天吃饭”的意思，如果行情不支持，也无法强求，所以从某种程度上来讲，决定盈利的主动权并没有完全掌握在交易者自己手上。第二种途径，也就是压缩平均亏损的额度实施起来是可行的，也是必须的。尽管在遇到突发行情的时候也难免发生亏损超过计划的情形，不过在绝大多数情况下，还是能够被交易者所掌控的，因而也就成了提高盈亏比数值的可靠途径。通过对于盈亏比算式的一番推论，止损的意义也就呈现出来了。

通过以上分析不难想象，在一系列的交易中，要想最终获利，单纯地依靠“正确率”肯定是行不通的，还需要“盈亏比”予以配合才行。这意味着，我们可以不必再苛求“正确率”了，应该把对“事前判断”的过分关注转向“过程处理”，也就是要加强对开仓之后行情动向的关注，加强对平仓时机的把握；一定要在做对的时候、能够赚钱的时候尽量多赚，同时更要防范出现过大的亏损。

从一个更为宏观的角度来看，单笔交易并非生死攸关，并不一定非要做对不可，更没必要为此患得患失、畏首畏尾。单笔交易固然是整体交易的有机组成部分，不过对整体而言，即使单笔交易做错了、亏损了，也完全可以接受，交易者也没有必要过于在意一城一地的得失，应该把眼光放得更长远些。如果能够这么想，能够这么做，交易者的心态也会变得豁达一些。

第二节
交易就是随机试错

在交易中，“确定性”只能是一个相对概念，不可能是一个绝对概念，目前我们赖以判断行情的依据，本质上都是对以往历史行情的经验性总结，都是建立在不完全归纳基础上的，因而得出的结论也必然是或然性的、概率性的，不论是采用基本面分析还是采用技术分析，或者依赖自己的直觉，都无一例外。对行情来说，尽管历史会重演，但绝不会简单重复；在经验性的结论之外，行情总存在着难以预料的例外。从这个意义上讲，行情是很难精准预测的。

换一个角度，我们从群体交易的行为方式上也不难得出同样的结论。市场是由成千上万个有自主决策能力的交易者组成的，各个交易者的背景、经历、思维、行为方式各不相同，行情体现的是交易者之间相互博弈、彼此互动的结果；在这个互动过程中，多空双方都有可能根据当前的形势变化临时改变建仓之初的既定计划，毫不夸张地讲，恐怕就连参与交易的当事人自己在大多数情况下事先都难以准确预料行情走向及自己下一步究竟会采取什么样的行动。这就是说，组成市场的每个人的行为本身就带有极大的“随意性”，那么又怎么能指望由这样一群人组成的市场，会有“确定性”呢？

既然市场具有极大的不确定性，行情在绝对意义上是不可预测的，那么交易者做出的每一笔交易指令最终也只能是一个概率事件。这意味着什么呢？这意味着交易者所做的个别交易，有时候可能是盈利的，有时候可能是亏损的，何时盈利、何时亏损也是呈现随机分布的。换句话说，具体的每一笔交易的结果，到底是赚是亏并不全是交易者的主观努力所能决定的。中国有句古话概括这种情形十分到位，这就是“谋事在人，成事在天”。在具体的一笔交易中，即使交易者的交易行为无可挑剔，也还是难以避免亏损的发生。这是一个不能逃避，必须坦然面对的现实。如果交易者不能接受这个现实，内心就会冲突不已，行为上也会患得患失。

既然交易者的主观努力决定不了具体每笔交易的盈亏，那他们是不是就要听天由命，不再需要任何规则，可以随便交易了？当然不是！以不确定对付不确定，毋庸置疑，结果也只能更加不确定。面对市场的不确定，交易者不仅不能任意妄为，反而要制定更为严格、规范的交易计划，一丝不苟地执行，只有这样才能从不确定的市场上获得相对确定性的结果。也就是说，我们必须以不变应万变，才有胜出的希望。那么，在变动不定的市场行情中，我们所要坚持的“不变”又是什么呢？这就是需要运用整体思维、策略思维对交易进行全面布局了。

交易者首先要找到一个可以盈利的策略，对这个策略进行严谨的回测，明确计算出这个策略大概有几成胜算，之后，就可以进行交易了；在交易的时候，要始终按照策略的具体要求去做，不能随意改来变去，这就是“以不变应万变”的具体含义。

由于目前并没有十全十美的交易工具，因此交易者制定的这些策略本身也难免存在缺陷，这意味着即使交易者严格按照策略进行交易，本质上也依然是一个随机试错的过程。怎么试错呢？交易者要严格按照策略的要求执行，只要进场信号一出现，就要义无反顾地进场；进场之后，结果必然有好有坏、有对有错：试对了，持仓的时间可以长一些，尽量多赚一些；试错了，持仓的时间就要短一些，尽量少亏一些。

在一系列亏亏赚赚的交易中，怎样才能盈利呢？所有赚的钱加在一起，减去所有亏损的钱，再减去交易成本，如果还有盈余，这就是最终的盈利了。这个道理虽然简单，不过却值得反复玩味，因为确实有人妄想在这样的盈利之外，还能有别的什么意外收获。

由于随机分布结果的不可预期性，就会使起初的交易面临巨大的风险，即使再好的策略，也很难在少量的交易中将优势充分体现出来，难以摆脱偶然性的束缚，只有随着交易数量的不断增加，真实的概率才会越来越清晰地呈现出来。

具体到每笔交易，结果会呈现出随机分布的特性，因此在交易的过程中，交易者也会遇到各种各样的情境。有时候，交易者可能“先苦后甜”，也就是说，前面的若干笔交易有可能亏损，此时交易者会面临着两种巨大的考验：一是心理层面的，也就是交易者还敢不敢坚持既定的策略；二是物质层面的，这意味着，交易者的资金是不是还足够自己坚持下去——这是很现实的问题，在初始阶段，如果交易者的资金不足，就有可能遭遇到“出师未捷身先死”的尴尬；只有承受住这两种考验之后“平安脱险”，才有可能由“苦”到“甜”。与这种情境正好相反，交易者也可能会遇到“先甜后苦”的情景：开局如果能够顺利赚到一些利润当然是件好事情，有了作为后续交易的铺垫，心里也会更有底气，但此时交易者要防范自信心膨胀的倾向，如果盲目扩大交易规模，也会把自己置于危险的境地。

我们又能得到哪些启示呢？这就是，交易者必须坚持做到足够多的交易量，并且在此之前不被市场吞没。这并不难理解：假设交易需要 10 笔就可以把概率的优势全部显现出来的话，那么理想的结果就是交易者要做够 10 笔交易。如果前两笔交易亏损过大，导致根本就没有资金再做后续的交易了，那么策略的优势也就因此而断送了。

比如某个合约需要保证金 1 万元，而一个交易者只准备了 1.2 万元，那么他的资金就会很紧张。即使他选择的策略有 80% 的胜算，由于他资金的紧张，他还是有可能遭遇到“滑铁卢”。因为假如他开始的几笔交易都亏了，那么接下来机会真正来到的时候，他完全可能由于保证金不足而只能望洋兴叹了。

因此，认识到并且坦然接受交易实际是一个随机试错的概率事件是一种更务实、更积极的态度。有了这样的态度，就不会再苛刻地强求自己每一笔交易中都非做对不可。一旦有了这种开放、包容的态度，即使在判断失误，遭受损失之后，交易者内也能坦然面对，不至于感到过分沮丧，更不会将失败的原因片面地归咎于自己而自怨自艾。

令人遗憾的是，大多数交易者并没有认识到随机试错是交易的本质，依然在孜孜不倦地寻找“确定性”。这种不懈的追求很大程度上满足了交易者的某种心理需求——他们想通过自己的主观努力获得更多一些的把握，这种出发点当然是好的，但很难实现。

第三节
区分风险，界定责任

俗话说得好，“常在河边走，哪有不湿鞋”？对于做交易尤其如此，这个行业本身就具有高风险与高收益并存的特点，谁也别指望只要收益不要风险。尽管遭遇风险在交易中犹如家常便饭一般，然而风险与风险之间毕竟还是不尽相同的。这就好像两辆汽车在马路上相撞，总要将各自的责任分清，这样理赔才有据可依。

出了事故，交警应该如何处理呢？总不能不分青红皂白地各打五十大板吧？交警必须遵循一定的规章制度，公平公正处理，否则吃了亏的司机，又岂能善罢甘休。到了事故现场，交警最重要的事情就是要勘查现场、询问当事人，以便了解真相。如果其中一方完全是正常行驶，没有任何违规的行为，那么这一方的司机就可以心安理得，用不着为承担责任而忧心忡忡了。如果司机有程度不同的违规，那他就必须为自己的行为付出一定的代价。

界定责任对交易而言也是必需的。遭遇了风险、发生了亏损，也就相当于出了事故，其中的是非曲直也应该界定清楚，敷衍了事总归是不妥当的。当然了，一旦交易出了“事故”，归根结底还是要交易者自己埋单的，他不可能不认这笔账，行情也是绝不会为他的账户负任何责任的。既然如此，又何苦多此一举？区分交易责任的现实意义在于，明确指出了哪些损失是交易者自己造成的，哪些不是交易者应该负责的，这有助于规范交易者的行为。如果亏损之后不做分析，得过且过显然不利于发现问题、矫正行为，至于交易水平的提高也就更别提了。

在实际交易中，尽管反应在账面上亏损一律都是资金减少，然而仔细分析其背后的原因却有着很大的不同。大体上，可以将导致亏损的风险分为两种不同类型：一类是交易策略导致的风险，另一类是交易行为导致的风险。

交易策略导致的风险是由于策略自身存在的不完美性造成的，这就使亏损具有一定的必然性，这是每个交易者都必须接受的风险。这类风险导致的亏损与交易者的交易行为没有任何关系，也就是说，即使交易者的交易行为完美无缺，不折不扣地按照既定的策略进行了操作，有时候也还是会导致亏损。这样的亏损交易者是不应该承担责任，也不必感到内疚的。

有人可能会问，交易策略难道不是由交易者自己制定的吗？即使不是他创建的，也是他参考了别人的交易系统后做出的选择，一旦发生了亏损，他们又怎能不承担相应的责任呢？有种想法，丝毫也不奇怪，因为在交易中，有很多交易者的确既充当了裁判，又充当了运动员的角色，他们根本没有给予“规则”独立地位，他们随心所欲地制定规则，这显然是不可取的。为了更好的交易，交易者最好把策略的制定与执行这两个步骤区分开。

交易策略一经制定，就应该赋予其独立的、崇高的地位，就好像一个国家的《宪法》一旦颁布出来，就是国家的根本大法，不仅不能再对它随心所欲修改，还要严格执行。即使不够完美，我们也还是要在交易过程中不折不扣地执行，虽说对交易策略的改进是没有错的，不过这种改进要看发生在什么时候。当行情的总体特点发生改变的时候，交易策略肯定也需要保持与时俱进才行？不过这种改进绝不能过于随意，如果在交易的过程中临时改弦更张，不仅不能提倡，而且要严加禁止，因为当时身临其境、当局者迷的交易者已经很难对行情做出清醒的判断了，临时决策的风险也就不言而喻了。另外，随意改动既定的策略其实就是对规则的不重视，如果制定了规则自己又不执行，长此以往，规则也就毫无约束力可言了，势必会陷入交易的“无政府主义”。

交易者应该敬畏交易策略、交易规则。交易策略本身是一个概率性的事件，只有在一定交易量积累的基础上，优势才能显现出来。如果中间没有严格地加以执行，不仅策略的优势难以充分发挥出来，也会使业绩变得摇摆不定。随时随地的改变策略，实际上就是没有严格执行策略，就是执行不到位。当整体效果表现不佳的时候，交易者往往又倾向于把这个责任归咎到交易策略上，这样就会对交易策略更加没有信心。恶性循环下去的结果，必然会走向以“不确定”对付“不确定”的歧途上来。

规则一经制定，必须保证不折不扣地实施，等到执行过一定的交易量之后，如果确实需要改进，正式启动修改策略程序也是可以的，但中途变更是绝不允许的。

制定交易策略时，交易者尽可以下番功夫，使之趋于完美。可以说，不对交易策略下一番功夫使之内化为自己的行动纲领，只是道听途说、凭着感觉肯定是不行的；然而过犹不及，凡事都有一个限度，交易策略尽可以无限地接近完美，但是永远也达不到尽善尽美的境地。交易策略的完美，只能是一个相对概念。对交易策略完美性的苛求是必须扬弃的，这对于心态的平衡，也是有好处的。交易者一旦不再苛求策略的完美，就会对亏损采取一种更为开放、更为接纳的态度；如果每次交易的时候都秉持“试一试，不一定对”的态度，自然也就不会提出“非对不可”的非分要求了；这样即使亏损，对待不是自己应该承担的责任也不会感到多么内疚了。

如果不能接受交易策略的不完美，恐惧与纠结必然会接踵而至，尤其是交易者自认为交易行为无可挑剔但结果还是亏损的时候，就会感觉行情有负于自己，心态又怎么能够平和呢？

第四节

“随机”不等于“随意”

上节讨论完交易策略自身缺陷造成的损失是交易者无法避免也不必承担责任的，但是有另一类本来是可以避免，却由于交易者主观行为不当而造成的风险，这是交易者难辞其咎的。要想避免这类失误，交易者就必须遵循一定的原则，绝不能为所欲为，尽管交易具有随机试错的性质，不过“随机”绝不等于“随意”。

到底什么是“随机试错”？为了说明这个问题，我们先来看一则小故事。

在一条川流不息的小河上，有一位渔夫住在河边，整日以打鱼为生。尽管这条河中有各种各样的鱼，不过只有一种金光闪闪的鱼才能卖大钱，其余杂色鱼都没有什么经济价值。假如这条河是清澈见底的就好了，那样就可以省去渔夫的许多麻烦，可是这条小河却浑浊不清，根本看不清河中鱼的颜色、分布状况。尽管看不清河里的状况，不过经过长年累月的摸索，渔夫还是看出了一些门道。他发现，每次这种金光闪闪的鱼经过的时候，都会吐出一些泡泡，这些泡泡的分布也是有规律的，先是一个大泡泡，接着是一个小泡泡，最后又来一个大泡泡。每次看到这样的情况，他都兴奋不已，会赶紧撒下一把鱼饵，等到鱼过来吃的时候就可以收网捞鱼了。尽管如此，渔夫却并不敢一次性地扔下很多鱼饵，这当然也是有原因的，虽然金光闪闪的鱼会吐规律的泡泡，不过还有一种黑颜色的鱼也会吐这样的泡泡，如果撒下很多鱼饵，捞上来的不是金光闪闪的鱼而是黑颜色的鱼，那么渔夫就要白白损失鱼饵了。

渔夫当然不想白白损失，为此他也想了各种各样的办法，可都没有什么用：起初，他不够耐心，往往等不到鱼第三次吐泡泡就急急忙忙撒下鱼饵，结果是空欢喜一场。还有的时候，他捞到了一网又一网金色的鱼后感觉运气特别好，于是一高兴就把手里的鱼饵一股脑地全都撒了下去，结果捕到的全是黑鱼。还有的时候，他连着几次捞上来的都是黑鱼，觉着自己运气不好，就打算歇一歇；可是等他歇下来的时候，却发现其他渔夫一网下去竟然打上来了很多金色的鱼。就这样，经过来来回回的折腾，他终于领悟了：前一次打上来的是什么鱼跟后来没有任何关系，最终是什么样的结果始终是个未知数，为此既不要灰心也不要高兴得太早。

现在他是怎么做的呢？他只要看到那种规律性的泡泡出现，就先撒下一把鱼饵试试，并不去猜到底是金色的鱼还是黑色的鱼，若渔网拉上来的时候发现是金色的鱼，就把它们放进自己的鱼篓里；发现是黑色的鱼，就把它们再扔回河里；一切顺其自然，他每天只需机械性地重复这套动作就可以了，总能有一些收获，他的心态也变得平和了许多。

这位渔夫就是践行“随机试错”的好榜样，我们从他身上可以学习到很多东西：在混沌不清的交易市场，我们同样需要找到一些规律性的东西，规律性越强越有助于我们操作；如果规律性较弱，也胜过没有规律性，那样也只能因陋就简了。

期货市场上的交易策略，本质上就是规律性较弱的，如何进行随机试错其实就是发掘出“弱的规律”并正确地加以利用。因为是“弱的规律”，所以也就不是百分之百可靠，不会给人带来十足的信心；没有十足的信心，执行时就会有所怀疑，交易行为就不会十分到位，这反过来又会进一步削减“弱的规律”的价值；假如交易者一直这么做，就会是一个恶性循环。

那正确的行为方式是什么呢？要想做好交易，交易者首先要去寻找交易策略，找到之后就要对交易策略保持信心，同时还要包容策略的不完美性。接下来的事情就简单了，交易者只需要严格地按照交易策略的指引，不断地重复就可以了。

由于随机分布的缘故，有些时候遭遇交易不顺也是难免的。遇到这种时候，也不要轻易断言策略无效了，更不要草率地进行改进。如果交易者这么做了，很可能就是在跟行情玩“捉迷藏”了。换句话说，尽管每次交易的结果是“随机”的，不过交易者的行为却必须是“始终如一”的。

那些总是执行不到位的交易者，必然在内心里面没有建立起对于规则的信心。这就好像国家制定的法律不合理，人们就不会尊重它一样。假如真是这样，那么交易者要做的就不是再继续交易了，而是要先树立起自己对于策略的信心。如何做呢？你应该在更长的时间里去考察策略的有效性，直到对策略具有了完全的信心，再重新启动交易。

第七章 止损的心理危机

在交易中，判断失误、亏损都是不可避免的，这是交易中必然会有的一部分。交易风险固然可怕，不过并非不可控，关键还是要看交易者能否果断止损。某种意义上讲，致命的、灾难性的亏损大多数都是交易者自己的主观因素造成的，比如心存侥幸、不遵守纪律等。每个交易者，如果想要在这个市场生存下来，必须要有安全意识，把资金安全放在第一位——只有生存下来了，才有机会考虑盈利的问题。

第一节
心存侥幸的诱导因素

说到止损的问题，大多数人的情况并不是完全不止损；真实的情形是，在需要止损的时候执行得时好时坏。由于止损不到位，吃了大亏之后，有许多交易者通常也会痛下一番决心，告诫自己下一回一定要果断止损；可惜事到临头，往往还是会身不由己。止损不及时绝对是交易中的顽疾，想要彻底戒除有相当大的难度。

追根溯源，行情走势的复杂性，是心生侥幸的一大诱因。试想，如果每次做不好止损，都毫无例外地吃了大亏，还有谁敢不严格止损呢？事实上，由于行情涨跌互现的缘故，许多时候等一等确实是能够转危为安的。这就在客观上助长了侥幸心理的滋生。

行情带给交易者的风险，可以分为突发式的与渐进式的两种。突发式的风险由于走势凌厉，往往让人警醒，止损就会果断一些；渐进式的风险则不然，看起来波澜不惊，却往往容易使人迷失自己。

遭遇行情不活跃、横盘整理、窄幅振荡等类型的“沼泽地”时，交易者一方面会想，严格止损吃力不讨好，往往左右挨打，增加了许多无谓的损失；另一方面会想，等一等、看一看，说不定有可能转危为安，甚至反败为胜。同时，不活跃行情本身缓慢、渐进式的演变节奏也会让交易者感觉不到丝毫的紧迫感。这几种因素会导致交易者放松警惕，在该止损的时候有意无意地变得犹豫起来。

而毫无征兆突然爆发的行情，一旦猛然击穿止损底线，并且把止损底线甩出去很远，这种时候，交易者也难免会心存侥幸，他们会想，行情来得快去得也快，很快就会有获利回吐盘涌出了，这样就可以少损失一些，甚至还可能盈利。在这种情况下，如果还有富余的资金，有些人甚至还会再补一些仓进去。

面对浮亏的等待、观望对一些交易者来讲纯粹就是赌运气，大多时候他们并不知道接下来会怎么走，也没有太多支撑下去的理由，可就是不愿意马上采取任何行动止损。大多数人只是感情上难以接受，身不由己地变得犹豫了起来。

另外还有一些交易者比较自负，他们认为自己的判断是有根有据的，绝非盲目的等待；他们相信眼下的行情只不过是暂时的假象，不久就会按自己的设想重新走上正轨。基于常规行情、技术分析的经验估计，他们相信，以往的大部分行情走到这个地步也就差不多该回头了，他们只是进去的价位糟糕了一些而已。他们的估计看起来越有道理，也就越不容易止损。

俗话说得好，不怕一万，就怕万一。“一万”这种规律性的风险只要假以时日，总能发现其规律，也就不难规避了。我们要防止的其实就是“万一”，这个“万一”是防不胜防的；因为它规律性不强，超出了平常的认知，也就无从下手了。事后我们回头看，凡是灾难性、致命性的损失，其实都是突破了常规的“万一”。可问题是，当时谁知道哪些是常规性的行情，哪些是非常规性行情呢？如果再考虑到人类认知方面的局限，交易者看到的，其实是自己希望看到的东西，那么交易者不能果断止损的行为也就不难理解了。

止损固然与行情脱不了干系，不过主要原因还是心态的问题。大多数交易者从内心深处是不愿意接受亏损的。这也是很自然的，对于大多数交易者来说，亏损不仅仅意味着资金减少，更意味着某种程度的挫败。这种心理是非常不理智的：当人们同时持有两只股票，一只股票处于盈利，一只股票处于亏损的时候，人们通常会处理掉那只盈利的股票，偏偏要留下那只亏损股票。个人的情况不同，对亏损的厌恶程度不同，止损执行好坏的程度也就不同。那些刚入市、财力捉襟见肘的交易者，或者经历了连续亏损，数额达到一定程度，“危机感”越来越沉重的交易者，对亏损的厌恶程度会更高些。不幸的是，他们越是害怕亏损，越是千方百计地防范，亏损也就越是会鬼使神差地找上门来。

除了上述原因，在交易时，交易者如果掺杂一些不纯粹的想法，也会增加止损的难度。例如，有些交易者喜欢反复研究行情，他们一般不会轻易出手，一出手就期望十拿九稳的获利。经过这么一番给自己有意无意营造出来的不留余地的架势，无疑都在强烈地暗示一点：这一单交易，无论如何只许成功，不许失败。由于这一单凝聚了太多东西，足以升华到具有某种象征意义的高度。如此一来，一旦遇到浮亏，他们的感情、他们的自负，都将会难以接受。因为止损就意味着认输，就意味着对于自己预测能力的否定。一个人越是抱定必胜的信念，也就越是难以缴械投降。

还有的时候，交易者做得比较顺手，有了飘飘然的感觉，从而提高了对自己的期望，也会不知不觉进入到一个比较危险的状态。盈利之后，当他们沾沾自喜地欣赏着自己的胜利成果的时候，一旦遇到浮亏，也是难以接受“得而复失”这样的现实。与这种心理相似的一种典型情形就是，在交易者的业绩行将达到一个整数关口，他们也想冲一冲的时候，止损也会变得不那么利索。他们原本打算，一旦突破了那个整数关口，当天就收工不做了；这个时候一旦遇到浮亏，也会有意无意地犯下止损不及时的错误。

还有一些情形，也会程度不同地引起交易者面对止损时的心理波动，这里就不一一列举了。总之，当交易者不能心如止水的时候，常常就会将一些自己的主观意愿自觉或不自觉地强加到行情的预判中，希望行情能满足自己的意志；如此一来，一旦主观愿望与客观现实发生冲突，止损执行不到位的可能性就会骤然增加。

最后一个妨碍交易者果断止损的原因不是别的，恰恰就是止损本身。我们知道，在交易中没有什么规则、戒律是十全十美的，事关止损的戒律也是如此，止损的不完美性体现在防止巨大亏损的同时也时常会带来许多无谓的损失。正是存在着这样的顾虑，许多交易者事到临头也会有所迟疑，对此，我们无能为力！这恐怕是交易者必须要付出的代价——我们不能只接受止损好的一面。不接受坏的一面。我们必须摒弃完美主义的幻想，直面冰冷的现实；我们必须因陋就简、因地制宜，在及时止损的基础上重新建立起新的交易秩序以及信心；我们必须将自己的行为统一地纳入一定的规范之中，以不变应万变。

第二节
止损不到位的危害性

有些交易者，从内心不愿意接受任何亏损，会把很大精力投入到提高“正确率”中，一心希望只要进去的点位足够精准，自己一买进行情就往上涨，一卖空行情就往下跌，那样自然也就不需要考虑止损的问题了。这种想法是不错的，如果进去的点位足够精准，的确能够减少许多无谓的损失。实际上，交易者也的确应该在精准性方面下些功夫；不过，这方面的努力超过一定限度，很快就会碰到天花板了。这意味着，千防万防，交易者还是会有遇到马失前蹄的时候，那么就还是需要止损的，这是一个无论如何也回避不掉的问题。

没有谁能够次次都精准入市，即使是那些交易高手也是如此。那些自以为是的人，也许可以侥幸躲过许多次风险，不过最后一次没躲过一定会输得很惨。股票大作手杰西·利弗莫尔是这样的，魔鬼交易员尼克·利森也是这样的，还有许多曾经在市场上叱咤风云的人物也都为自己的自负付出了惨痛的代价。我们一定要认识到主观努力的局限性，我们要对行情心存敬畏而不要想着征服它。

果断止损的作用与遵守交通规则有异曲同工的功效。在一般情况下，一个人乱穿马路、乱闯红灯也不会出交通事故，不过一旦出了事故，往往就会非常严重。不果断止损也是同样道理，许多情况下，也是可以化险为夷的。这其实也没有什么好奇怪的，因为大多数的行情都是常规的走法，突破常规的毕竟是属于小概率事件。然而，关键的问题也正在这里，正是这属于少数的、小概率的、突破常规的行情，可以一次性地吞没前面若干次的成果，甚至可能给交易者带来灾难性、致命的打击。这种事件需要很多吗？只要赶上一次，恐怕就完了。

亏钱容易赚钱难，赚钱好比逆水行舟，亏钱则是顺流而下。要知道，只要有手续费这个因素存在，盈利与亏损的机会就不是对等的；盈利的时候需要支付手续费，亏损的时候还是要支付手续费。亏钱并不可怕，千万不能亏大了！亏损的数目一旦到了大伤元气的地步，往往会给交易者带来难以承受的压力。

从盈亏的比例关系看，也不难得出这样的结论。请看下面一组数字：当你10万元的资金亏损了1万元的时候，亏损率是10%；而当你想把这1万元再赚回来，则需要11.1%的盈利率。当你10万元的资金亏损了2.5万元的时候，亏损率是25%；而当你想把这2.5万元再赚回来，则需要33.3%的盈利率。当你10万元的资金亏损了5万元的时候，亏损率是50%；而当你想把这5万元再赚回来，则需要100%的盈利率。当你10万元的资金亏损了6万元的时候，亏损率是60%；而当你想把这6万元再赚回来，则需要150%的盈利率。当你10万元的资金亏损了8万元的时候，亏损率是80%；而当你想把这8万元再赚回来，则需要400%的盈利率……如此一算，是不是会吓你一跳？可想而知，把亏损过大的钱再赚回来是多么艰难！早知如此，何必当初呢？

不言而喻，不能果断止损的危害，首先就是招致巨大的资金损失。此外，还有什么危害呢？在没有彻底被市场吞噬之前，不果断止损对交易的冲击主要是会影响盈利水平的稳定性。

对止损的迟疑与等待实际上等于把对交易的控制权拱手出让给了不可预知的运气。运气是难以捉摸的，建立在这个基础之上的交易体系、盈利水平又怎么可能得到保障呢？所以不果断止损的结果对局部的、个别的交易来说，要么勉强熬回来也不会赚很多；要么就是一旦熬不回来，业绩曲线就会遭遇“断崖式”的跳水，一笔损失吞没了许多天的交易成果，这样一来，业绩肯定也会飘忽不定，最终将会一步一步滑向爆仓的边缘。

为什么在熬回来浮亏的时候通常也赚不多呢？因为长时间的等待对人的精神和体力必然是一种极大的消耗。多次的希望与失望之间反复拉锯之后，往往会使交易者心力交瘁，那绝对是一种异常痛苦的感受；这样即使勉强把浮亏熬回来，交易者也不一定能赚到很多，因为他们已经是惊弓之鸟了，他们急需休整一下。这样一旦解了套，他们的心理压力就会得到迅速彻底的释放。与此同时他们又担心再次陷入刚才的窘境，所以一有什么风吹草动，大多数人通常都会选择尽早出局，这也就很难保证劫后余生之后能有什么大的收获了。有关这一点，如果你还没有切身体会，不妨去看看那些长年被套的股民：一旦解了套，他们通常都会选择马上抛出自己手里的股票，不敢再有进一步的奢望。这种行为方式也就决定了大部分“等回来”的结果通常也没多大价值，只不过暂时满足了交易者难以接受亏损的心理需求而已。

事实上，止损不及时最大的危害还不是对账面的蚕食鲸吞，而是对心态的破坏。账户的损失是暂时的，只要没有伤筋动骨，就还有机会弥补回来，可一旦心态变坏了，则会影响交易者正常水平的发挥，这种损害将是长期的。

无论结果好坏，一件事情如果能够及时了结，对心理的影响其实是最小的，对心理的最大折磨莫过于在等待的过程中被不确定的结果来回地揉搓，这也就是为什么在高考之类的重大场合，发榜之前的日子往往最为难熬的缘故。一经发榜，结果已然尘埃落定，即使名落孙山，只要假以时日，心态也是可以修复的。同样的道理，行情长时间的反复折腾，也会令交易者心力交瘁，这肯定不利于后续交易。

另一方面，我们还要看到这种转危为安的经历并不会随着一笔交易的结束消失得了无痕迹，这种交易经验肯定会沉淀下来，成为交易者经验的有机组成部分，并在下一次遇到类似情形的时候转化为再度等待下去的精神支柱。几次三番之后，这种行为模式就会生根发芽，成为巨大亏损的前奏。

不仅如此，总是止损不好，自己对自己的评价也会变得越来越负面，以后会更加不自信；为了增强信心，避免重蹈覆辙，必定会耗费更多的精力预判行情，从而陷入恶性循环，交易还能有什么起色？

对超短线交易来说，止损不及时还会造成机会成本的流失。时间就是金钱。在及时止损之后，即使小有损失，交易者还可以接着做单而不至于中断正常的交易，这样就会创造出许多新的获利机会；如果不及时止损，就等于白白浪费了行情，就算最后熬回来也未必合算。

第三节 对止损本质的认识

尽管止损不及时的原因有多种多样，归根结底，背后心态的核心却是共通的：这就是不敢面对现实，不愿意接受亏损。这样就会给自己带来各种困扰。患得患失的结果，往往适得其反，越是不想亏，也就会亏得越多。一个交易者对于亏损的对抗程度有多严重，恰好相当于他给自己带来损失的程度有多严重。

那么怎样才能让交易者接受亏损、无惧亏损呢？这首先就要更新观念了。交易者秉持的交易理念不同，止损的果断性也就会大相径庭。

如果一个交易者认为，交易是个“随机试错”的过程，每一笔交易的盈亏结果是随机分布的，是不可预测的；与此同时，也认识到了，个人的认知水平也是具有一定局限性的。那么，这个交易者也就找不到任何“非对不可”的理由了，在交易过程中也就不会那么固执己见了。

在这种交易理念的支配下，交易者所要做的，只不过是仔细地分辨交易信号；只要交易信号出现了，交易者就应该付诸行动了；至于结果如何，就不是自己应该预测的了。如此一来，即使交易亏损了，交易者也不必为此而感到自责、内疚，因为这不是由于他操作失误导致的，这是由于交易策略自身难以克服的缺陷造成的。也只有保持这样的一种开放、谦虚的心态，在需要止损的时候，交易者才不会遭遇那么大的阻力。

相反，如果一个交易者把盈利的希望寄托在正确预测的基础之上，认为正确的预测才是成功之道，那么他们的行为方式就大不相同了。如此一来，在建仓之前，他们必定会告诫自己，一定要寻找到十拿九稳的点位才能进场。既然交易者是在自以为很有把握的情况下才建仓的，一旦遇到与预期不相符的走势，内心就会自然而然地产生再验证一下的需求，以便确定到底是谁出错了。如果最后真的做错了，他也会想到这是由于他们自身的能力、交易水平出了问题，他们也会为此而感到自责、内疚的。

除了要改变交易理念，交易者还要努力挖掘止损的积极意义。作为一个有一定专业水准的交易者来说，不仅不应该厌恶止损，还应该尝试喜欢止损，进一步地学会利用止损。止损其实是一个很有用的工具，这几乎是获得确定性的唯一可靠途径。

期货市场本身已然充满了各种不确定因素。面对市场的不确定，假如交易者也同样采用不确定的方式加以对待，那么以“不确定”来对待“不确定”，最终的结果无疑只会变得更加不确定。这样一来，交易就会变得毫无理智可言，就会堕落得与“赌博”毫无二致。面对市场的不确定，交易者只有采用尽可能确定的手段，才有稳定盈利的可能性。也就是说，必须以不变应万变，才是成功的希望。

在所有的策略、手段当中，什么才是交易者可以充分依赖的确切手段呢？环顾一圈之后，我们会失望地发现，其他的一切手段，诸如预测、分析等等，都是不可靠的。这些手段要么是本身就具有克服不了的缺陷；要么是我们在使用的过程中，会受到自身认知缺陷的影响，使得运用的效果大打折扣。最后，我们所能找到的唯一可靠手段，也就剩下“止损”这个被动性的保护工具了。

“止损”就意味着认输。又怎么会成为稳定盈利的确切手段呢？这是因为，交易具有随机试错的性质，具体的每一笔交易结果都是不确定的。如此一来，我们就首先必须保障资金的安全。只有把损失控制在一个可以接受的范围内，我们才能保存下来赖以生存、发展的火种。另外，这也是优化“盈亏比”数值的有效手段。这就是说，某种意义上讲，赚多赚少这是交易者决定不了的，但是亏多亏少却是可以由交易者掌控的。那么为什么不好好地利用这个工具，把平均亏损的数值降下来呢？

如果一个交易者能够这么想，也能这么做，那么他立即就会将一种被动性的、防守性的工具转变为一种主动性、进攻性的武器，并且在心态上获得一种全然不同的自信。他们的交易行为也会由此而变得更为积极、更为无所畏惧。

新东方的创始人俞敏洪曾经在一次演讲当中说过这么一段耐人寻味的话：只有知道如何停止的人，才知道如何加快速度。汽车的质量越高，开得就越快。比如，像奔驰和宝马这一类车，它们的高质量不仅体现在发动机系统上，还体现在刹车系统上。你开这些车的时候，就敢于高速行驶，因为你知道，只要你一踩刹车，车就能稳稳地停下来，不至于翻车或跑到马路外面去。但当我们开夏利车的时候，我们一定不会开得和奔驰车一样快，因为我们知道如果让它跑得太快了，就很难刹住车了，说不定就会撞栏杆或者翻了。

同样的道理，只有拥有优异的“制动”系统的交易者，才可以在市场上收放自如，游刃有余地自由游弋。一旦交易者能够果断止损，当面对机会的时候，他就可以迅速出击，而不必有过多的顾虑。相反，如果总是做不好止损，交易者必然是会有后顾之忧的。事到临头的时候，他们一定会自觉或不自觉地变得犹豫起来。因为在内心深处，他们是缺乏安全感的，害怕一旦进去，就再也难以全身而退了。

“止损”也无非就是暂时性的倒吐回去了一些，只要没有伤筋动骨，就还有机会，只不过增加了盈利过程的曲折性、复杂性而已。何以有些交易者就是不能接受这一点呢？除了他们对自己缺乏信心之外，还有一个更重要的原因，这就是他们缺乏全局观念。“全局观念”的缺失，使得交易者看不见未来的前景，于是就只好在每一笔局部的交易当中斤斤计较了起来，纠缠个没完没了。

那些能够果断止损的交易者必定是比较务实的。他们之所以勇于面对现实、敢于接受亏损，是因为他们对自己的整体交易有信心。他们知道，局部的得失无关大局；只要没有大的损失，他们有的是机会再赚回来。反过来，也正是由于他们的严以律己，才造就他们非同一般的业绩，从而走上了一条良性循环的道路。

明白了以上道理，是不是交易者就可以无往而不胜了？事情还远远不能这么乐观。其中还有一个“知易行难”的问题。即使交易者明白了严格止损的一切，可是事到临头，他们也还是会自觉或不自觉地变得犹豫起来。这个时候，我们分明能够感受到一股非理性力量的干扰。

尽管理智告诉交易者，亏损只是暂时的，为了稳妥起见，应该先平仓出来。可是潜意识里却有另一个声音告诉他，最好还是不要亏损。就是这样，交易者大脑的“决策层”出现了一些分歧；于是就在犹豫之间，最佳的止损时机错过了。一旦错过了时机，一旦亏损的数额大到了一定程度，一种“破罐子破摔”“死猪不怕开水烫”的心理就会导致交易者暂时丧失了行动力，被迫继续观望下去，最终铸成了大错。由此可见，要做好止损，不光是要更新观念，也是需要讲究一些技巧的。

第四节
具体如何执行止损

交易理念对交易行为固然有很大的影响，不过这并不意味着转变了观念行为就会立竿见影地发生变化；有些理念即使意识层面上接受了，但在潜意识还没接受，交易行为就还是会存在一些问题。也可以这么说，在交易者还没有能够稳定盈利之前，他们的一切交易行为都不会取得潜意识的完全信任，如此一来，不论在意识层面有多么深的觉悟，在交易的时候也还是会遭遇程度不同的阻力。

那么怎么办呢？比较现实的办法就是制定严格的、合理的止损纪律，然后刻意地、不打折扣地、机械性地加以执行。在交易时，该不该进行止损应该有唯一的标准，这个标准就是到底有没有触碰到交易策略设定的底线，其他的任何因素都不应该成为考虑的依据，通常干扰止损的因素包括基本面分析、技术分析所能提供的支持、交易成本、目前的盈亏状况等。也就是说，“止损”的底线具有一票否决的“优先权”。

只能先咬紧牙关坚持这么做下去，取得一定的成果，才能慢慢地促使潜意识对交易行为重新评估，并最终接纳止损行为。这就是说，潜意识可以影响行为，行为同样也可以对潜意识发生“反作用”，只是这个“反作用”要来得缓慢一些而已。

具体来说，要做好止损首先要制定一个合理的交易策略。在整套策略中，有一项重要内容就是止损额度的设定，止损额度设置得过严、过宽都不行。设定止损额度可以参考的因素有很多，诸如：操作的风格、资金的多少、进出的节奏、心理承受能力等等，但是不管怎样，有一条底线是绝对不能逾越的，这就是平均亏损的数额不能比平均盈利的数额大——这是必须坚守的一条原则。

根据这条底线，我们可以在平均盈利数值的基础上进行倒推，这样就可以得到一个更为严谨的止损数额，然后再结合其他参考因素适当地加以调整。我们以超短线交易为例，在行情允许的情况下，盈亏比的数值保持在三倍左右是比较合适的，倒推止损额度的步骤如下：首先把最近一个时期以来所有的盈利部分加在一起，除以盈利的交易量，这就得到了“平均盈利”的数值；然后再用“平均盈利”的数值除以“3”，这样就可以得到一个止损的大致额度了。

需要说明的是，在行情极度萎靡的情况下，“平均盈利”的水平也会随之下降，如果倒推回去，止损的额度一旦到了不可能做到的地步，比如沪深300股指期货的基本跳动单位是0.2点，折合人民币是60元，那么止损的额度无论如何也不可能低于60元，面对这样的窘境就必须灵活处理了。这个时候，有两个途径可以选择：一是不能再要求平均盈利非要除以3了，退而求其次，除以2甚至1.5也是可以接受的。虽然盈利水平的整体下降在所难免了，但面对这种局面，交易者的心态一定要保持平和。为了增强业绩的稳定性，另外还有一个办法，就是降低交易的频率，甚至暂时停止当前合约的交易。在这种惨淡的市况下，依然还盲目、频繁交易显然是不理智的，如果非要勉强，那么业绩的不稳定甚至亏损也就在所难免了。

设定好了止损的数值，接下来就是严格地贯彻执行了。这个时候，由于潜意识还没完全认可，执行过程中必然会遭遇到阻力。止损的最高境界就是在执行的时候，丝毫也没有感到阻力的存在；只要在执行的时候还需要意志力介入，内心还有些许的挣扎——哪怕只是一点点，那也还是没有达到这种境界。为了达到这种境界，我们要给潜意识一些适应的时间，慢慢地化解掉潜意识对止损的抵触，只有切实体验到了果断止损带来的好处，潜意识内在的防卫机制才会慢慢地接受止损这种做法。也只有到了这个时候，止损才会变得自然流畅。

要进化到这种境界，也没有什么更好的办法，在起初的阶段，必然要经历一个“刻意为之”的过程，务实的做法就是要先养成“机械性”的止损习惯，要认识到自己的意志还不足够强大，些许的犹豫就有可能铸成大错。交易者最好把自己想象成一部机器，机器最大的特点就是没有灵活性，一旦触及止损底线，机器就会毫不犹豫、“第一时间”执行止损指令，只有这样，才可以在最大程度上减少与潜意识发生正面冲突的机会。

所谓的“第一时间”，是一个时间的“点”，也就是在价格触碰到底线的那一刹那，绝不是触碰底线之后的一段时间。在那个时间“点”到来之前，交易者就应该集中注意力，做好蓄势待发的准备；当看到价格触碰到底线时，则应该像短跑运动员听到了发令枪立即起跑那样，立即将指令发出去。

下达指令之后，最好也不要对个别交易结果过多关注，更不必患得患失，至少要积累一定数量的交易之后，再去评估止损效果。一组交易的数量应该是多少呢？至少要在二十笔交易以上，才能初步看出整体策略的优劣。假如你制定的策略很好，意味着你已经取得了初步的胜利，接下来只要坚持下去，很快也就可以取得潜意识的信任了；如果你坚持止损的策略效果不好，务必也要等到一组交易之后再考虑加以改进的问题。

从更大的范围来看，对于一系列、一段时间、甚至更大范围的交易来说，同样也要设置一个底限，这就是广义止损的问题了。广义的止损对于业绩稳定至关重要，这等于导入了一个“熔断机制”，在交易不顺利的时候进行适当的休整，让发热的头脑冷静一下，避免由于情绪的影响导致更大的错误、更大的损失。

在现实世界里，屡败屡战是一种值得赞赏的精神。在交易的世界里，恐怕就只能称之为“昏了头”，不仅没有任何值得褒奖之处，反而要坚决予以杜绝。这种状况意味着交易者已经输红眼了，到了完全控制不了自己的地步。为了防止悲剧性事件的发生，也就有必要在更大的范围设定一个止损限额了。在具体实施的时候，基于同样的理由，广义的止损同样也要奉行“第一时间”的原则。一旦到达止损限额，就要无条件地终止交易。

值得提醒的是，严格止损是需要交易者终身恪守的原则，对谁都是一样的，不仅适用于目前还不能稳定盈利的交易者，同样也适用于那些已经能稳定盈利、经济实力雄厚的高手。一名交易高手或许可以成功许多次，这些成功会带来丰厚的财富、自我价值的提升，但是这些都不能成为掉以轻心的理由，因为只要一次的固执己见就有可能成为他们的“告别演出”。这样的例子并不少见，2015 年的股灾，就有许多鲜活的例子。许多使用高倍杠杆的人，在股市罕见狂跌的过程中不肯及时止损，把二十几年的积蓄都悉数断送了。这些人以往也都是被普通散户奉为神明的人物，可惜他们遇到了一只体形硕大的“黑天鹅”事件。

第八章 交易的规范与伦理

在交易中，只有养成良好的习惯，将规则内化为自己的血脉，才是稳妥、可靠的终极保障。在此之前，依靠意志力去维持，尽管也可以勉强应付，不过就其可靠性而言，归根结底还是差了一等，并非善之善者。养成习惯，难吗？这是肯定的。不过从长远来看，实现这一目标，下些工夫还是值得的。这样可以一劳永逸地免除许多潜在的隐患。俗话说，“习惯成自然”，讲的就是这个道理。

为此，我们要建立一套交易的“伦理”用以规范行为。以结果为导向，结果好了就一切都好，这种做法只能得逞于一时，并不利于长远发展。为了业绩的稳定，同时也为了避免可能遭遇的灾难性损失，交易者必须严格规范交易的过程。只有过程规范、成绩也好，才是真正的“好”。否则即使侥幸取胜，也是“胜之不武”；交易者应该引以为耻，而不是洋洋自得。只有这样做，才是忠于了自己，也才是符合了交易的伦理。

第一节
做好交易计划

交易是一件严肃的事情，然而，大多数交易者却根本没有交易计划，他们也不习惯这么做。事到临头，完全凭着灵光乍现的感觉来判断，然后就轻率地下单交易。这是技艺娴熟、信心十足的缘故吗？非也，其实这是一种“延宕”心理——有很多人宁愿不去想那些麻烦事，而是把麻烦留到不得不面对的时刻。

由于完全没有计划，当亏损发生的时候，这类交易者就会心安理得为自己开脱，将失败归咎于各式各样的外部原因，他们既可以说之所以亏损是因为昨晚没睡好，也可以说最近有些心绪不宁……总之，没有计划、得过且过会令交易者失败之后心理感觉相对舒服一些。

这看起来是不是很荒谬？然而这种状况却非常普遍地存在着，想要扭转这种局面，制定计划是个前提条件。尽管计划不能控制行情的未来，却可以拟定好了应付各种状况的对策，有备无患，“兵来将挡，水来土掩”讲的其实也是这个道理。

我们不妨再举个更为普遍的例子：这就好像一个人开车行驶在路上。路上会遇到什么样的情况，他是很难预知的，也是无法控制的。在这种情形之下，他能随心所欲地乱开吗？也许有些司机的确就是这么干的，只想着自己方便了；这样发生事故的概率就会陡然增加，最后难免害人害己。与之相反，如果司机自始至终都严格遵守交通规则，那么他安全到达目的地的概率就会极大增加。在这里，交通规则既是对司机的约束，也是对司机的保护。交易计划之所以重要的道理也正在于此：不管行情如何变化，交易者至少控制好了自己。

有没有计划对交易者的心理影响也是全然不同的。由于不知道未来的走向，因此感到疑窦丛生、无所适从。行情的不确定性，也正是种种负面情绪的来源。在不确定的环境中，没有计划就好像在漆黑的夜里乱闯乱撞，总是令人感觉不那么踏实。有了计划就像吃了一粒“定心丸”，有一种时时处处尽在掌控的感觉，自然就不会纠结于行情的不确定了，这对克服情绪失控、释放心理压力是有很大好处的。

与交通规则的功能类似，交易计划也是一种情形假设，首先应按照“量力而行”的原则根据自己的现实情况选择哪些交易可以做、哪些交易不能碰以及可以做的数量。

接下来，最为重要的是规划交易策略。交易者应当把可能遇到的各种行情进行细分化的归类；细分之后，必须明确进场与出场的时机，至于哪些情形一定要参与，哪些情形可以适当参与，哪些情形暂时不能参与，哪些情形一定不能参与，最好也都规定得明确而不含糊。如果信号不够清晰，也就失掉了规则的意义。

此外，交易计划还必须考虑风险的控制。也就是做错了之后如何止损，按照什么额度止损的问题。尽管好多人忌讳提这个，可对于更为专业的交易者来说，则是应该“迎难而上”的。这个问题，不仅不能回避，而且制定的还要更加明确才好。这是一个绝对不容突破的“底线”规则，否则其他规则再好也是枉然。

计划是必要的，不过计划的内容显然不应该包括：盈利目标。不仅不应该制定盈利目标，诸如每天应该赚多少、每月应该赚多少这样的想法最好都不要有——行情时时都在变化，交易者应该尽力而为、严以律己，至于赚多赚少就不是我们应该考虑的了，因为这些都会成为干扰因素，不利于水平的稳定发挥。

交易计划不需要很复杂，但是必须具备两个特点：首先要制定得清晰、明确，尽量减少模棱两可的表述；其次规定得越细致、越明确，效果就会越好。只有这样，才能做到进退有据，最大限度地减少交易的随意性。交易计划必须经过严格的测试，证明其中的交易策略，确实具备稳定的获利能力。这样才能起到提升交易者信心的作用；交易者对计划保持充分的信心，执行的时候才会更坚决果断。

从实际运作效果来看，合理的计划对提升交易业绩是很有帮助的，交易计划不仅有助于交易者辨识机会，也能有效地降低追逐行情的盲目性，与此同时还清晰地规划了“底线”，告诉交易者应该何时出场。这些措施在心理层面，不仅可以令交易者获得一种掌控全局的“把握感”，减少盲目的冲动，还可以帮助交易者走出自己的“舒适区”。不再为自己的过失寻找文过饰非的借口，真实地面对现实，不断有进步。

计划规定得越详细，意味着约束条件越多，可以发挥的余地越少，交易者也就会越发感到不自由。开始的时候，可能会叫你感到十分不适应，不过不管你是高兴也好，沮丧也罢，还是要硬着头皮执行下去。一旦当“按照计划行事”成为你的习惯，你会发现心灵会更加自由。这就是说，你内心中的冲突少了，心态也越来越平和了。

第二节 遵守交易伦理

“不管白猫黑猫，逮着老鼠就是好猫。”这句话一定要正确解读才行。如果理解为只要能致富就可以不计后果、不择手段、不必理会法律法规，那这话就是谬论，对于交易而言也是如此。交易风格是可以选择的，不管是长线也好，短线也罢，不管采用基本面分析还是技术分析，或者干脆只是依据直觉，只要能够稳定盈利，任何方法都是可以采用的，也不应该有什么高低贵贱之分；但与此同时，交易也要遵守一定的规则、秩序，绝不能“捡到碗里的都是菜”，不守规则地乱做一气。这就是说，交易者一定要树立“规则意识”，往大里说，就是要恪守交易的伦理。

怎么做交易还牵扯到了“伦理”？难道作者是要提倡，做好交易首先要做一个道德模范吗？显然不是。我确切的意思是说，你需要制定一个完善的交易计划，然后就要在实践当中严格执行，绝不能说一套做一套。一个交易者只有忠于自己，才能取得长期稳定的收益。这其实完全也是从实际需要出发的。

既然说到了“伦理”，不妨就此多说两句。伦理是一种规则意识，但又不完全等同于一般的规则意识。一个坏人可以干下许多违法乱纪的事情，但是他却未必会干下有悖于伦理的事情。这就是说，伦理是一种更为内在的“底线”约束，具有更为强大的力量。从源头来讲，伦理也并非天然形成，也是从“有用”“方便”“效益”出发而逐渐形成的，本质上也是一种应对环境的工具。交易者树立交易伦理同样也是为了实际需要、为了长远发展。换句话说，并非盈利了就一切都好，亏损了就一无是处。

坚守规则意味着什么？坚守规则就意味着接受约束，放弃随心所欲的自由，对许多交易者来说，一板一眼地按照规矩则会很不自在；相反，破坏规矩而得来的东西，倒好像一笔意外的财富，尤其叫人印象深刻、久久难忘。

坚守规矩，一向都是辛苦而乏味的。在一些交易者看来，中规中矩的交易，即使稳定盈利了，往往也是波澜不惊，没什么好说道的。这种情形，并不符合一些交易者的胃口；也许在他们的潜意识里，就是喜欢那种“过山车”的感觉。于是，破坏秩序与不守规矩，就自觉或不自觉地成了他们的选择。他们也许就是想着，突破常规地赚到一些钱财，这样才会有出其不意的惊喜。在这里，需要郑重地告诫他们，千万不要在期货市场找刺激，刺激的代价太大了，可不是谁都能够承受的。

做交易是一桩严肃的事情，千万不要当儿戏。在一个充满了不确定的市场中，要想存活并稳定地获利，必须放弃随心所欲的行为，自觉地遵守规则；毫无章法乱做一气，最终只能是一败涂地，绝不会有任何惊喜。

放弃自由、纳入规范，这就需要交易者战胜自我，走出舒适区。培养规则意识，对于当下的某些人来说，尤其重要！有些人咒骂那些不按规则行事走偏门的人，但往往事情轮到自己头上时，又可以有所例外。这是急功近利社会中的荒谬悖论，要改正这种局面，就先要从规规矩矩地做人开始。

说到这里，笔者不禁想起以前也是靠炒期货发家的两个人——刘汉与袁宝璟，他们都不习惯按常理出牌，“走偏门”虽得逞于一时，最终还是难逃法网。也许有人会觉得假如能像他们那样风光一时也不错啊，这种想法类似刘备在入川的时候，庞统给刘备出的主意，“取天下可以权变，治理天下再行仁义”。问题在于，一旦尝到了甜头，惯性思维会让人根本刹不住车，会追悔莫及的。

因此交易者一旦树立了规则，就要坚决恪守，哪怕一次也不要违反，因为错误的做法也有自身的负能量，这样就会被你非理性的自我所肯定，并且作为一次“宝贵”经验存储下来。这时候，你的内心一定有个声音在小声地嘀咕：不管怎么说，反正这次是盈利了。这就为以后的灾难埋下了邪恶的种子。下一次如果又遇到类似的情形，以往的侥幸心理就会迅速从你的“经验档案库”中冒出头来。也许在某个需要决策的时候，你的内心就会展开这样的对话：一个声音说再这样下去是危险的，而另外一个声音就会马上予以反驳，你实在是过于谨慎了——上一次不也是这样的情形？结果怎么样，最后还不是化险为夷了，哪里有什么危险啊？长此以往，你对规矩权威性的敬畏也就会逐渐地淡化，甚至还会把错误的做法当成一种新的“规则”加以推广。“一日纵敌，万世之患”，由此可见侥幸足以成为将来最大不幸的根源。

在一个投机市场，依然采取投机取巧的态度，这是取败之道也！无章可依或者有章不依，以不确定的手段来应付不确定的形势，还能指望有什么确定的结果？那也只能是一场昏天黑地的混战，一场惊心动魄的赌博了。

那么，如何才能恪守交易的“伦理”呢？首先需要交易者“发自内心”地信服才行。哪怕只有一丝一毫的怀疑，也有可能成为将来越界的借口。只有交易者真心地信服，事到临头的时候才会具有一定的约束力。

第三节
转移注意力焦点

人的精力是有限的，当我们感到紧张、非常在意一件事情的时候，这件事情就会消耗大量的精力，使我们无暇他顾了。这一点，学习过驾驶的人一定深有体会。当你还没有能力控制好离合器的时候，你的精力就会主要集中到离合器上面，有意无意地忽略了其他要领，这就难免导致手忙脚乱。只有当我们熟悉了原来所紧张的事情之后，才能够腾出多余的精力，兼顾到其他方面。类似的情形，也会发生在交易方面。

既然交易者的精力是有限的，如何合理地分配就成了问题。从操作层面来看，在实盘交易中如果没有一个合适的“关注点”，各种信息纷至沓来，交易者难免会陷入一片混乱而不能自拔。

顾名思义，“关注点”是一个点，而不是一条线，更不是一个面。为此，“关注点”的选择必须简单、明确、易于把握，一经确立应该起到简化决策、避免干扰、提高反应速度的作用。在交易时，这个点锁定在哪里，具有至关重要的意义。倘若选择不当，关注了不该关注的东西，不仅会导致情绪的巨大波动，也会引起行为的混乱。

对于交易而言，最终目的是盈利，于是很多交易者自然而然就将交易结果当作了关注焦点。在操作中每做完一笔交易，都会忍不住查看一下交易结果，这恐怕就是典型的，关注了不该关注的“关注点”。

这种做法并不可取。交易的结果，尤其是具体每一笔交易的结果绝不应该成为关注点。把眼光锁定在具体的每一笔交易上，自觉不自觉地就会赋予每一笔交易非同凡响的意义。与此同时，情绪也会随着每笔交易的盈亏波动而波动。任何情绪层面的东西，都是交易者应该力图避免的。带着情绪交易，不仅容易让交易者感到身心疲惫，而且由于视野狭窄的缘故，还会带来交易行为的一系列扭曲。具体表现就是，在建仓的时候犹犹豫豫、在止损的时候拖拖拉拉、在盈利的时候战战兢兢。如此一来，即使勉强能够盈利，质量也不见得会很高。这样必然会影响策略实施得不够充分、不够到位，最终效果也会因此大打折扣。

紧盯着具体的每一笔交易还会使得交易者受到“余热效应”的影响，这就是说，前面几笔赚钱多了，交易者就会感觉心情舒畅、自信满满；前面几笔交易做得不顺，又会倍感郁闷、失落。每一笔交易原本是互不相干的独立事件，可由于“关注点”选择不恰当，主观上就把独立的每次交易联系起来，无形之中增加了许多不必要的干扰。

综上所述，将关注点锁定在盈亏，尤其是紧盯着具体每一笔交易的盈亏上，百害而无一利。之所以这样，根本原因在于没有真正地树立起“随机试错”的观念，这样也就很难以一种全局的、策略的眼光来考虑问题。

我们知道，每笔交易的完整过程必然包含建仓与平仓两个步骤，其中平仓又分两种情况：一种是在平仓之后遭遇了浮亏，另一种是遭遇了浮盈。这就是说，在具体的操作中，实际上共有三种类型的动作。针对这三种类型的动作，交易者应该分别关注什么呢？具体来说，在建仓的时候，交易者唯一需要关注的是，在某个点位符合不符合建仓的标准，如果符合，就应该摒弃一切胡思乱想，义无反顾地采取行动，如果做到了这一点，那么建仓动作就是无可指责的；反之，在该进场的时候犹疑不定、裹足不前，乃至贻误战机，事后就应该检讨一下是不是太胆小了；或者，行情并没有达到标准，自己却鬼使神差地进场了，同样也要检讨一下自己是不是太冒进了？

建仓之后如果遭遇浮亏，并且也触碰了止损的底线，那么唯一要做的就是在第一时间平仓了结，如果做不到这一点，事后就要检讨一下是不是心存侥幸；建仓之后如果遇到浮盈，无论多么紧张、多么不自在，也都要告诫自己务必坚持住，切不可在行情的势头依旧良好的情况下轻易地了结盈利的单子，如果做不到这一点，事后同样也应该检讨一番。

当交易规范成为唯一的“关注点”，事情就会变得简单许多。不仅可以把复杂的交易过程分解开来，做到章法严谨，而且使得自我约束、自我监控也有了具体而实际的准则；事后一旦发现执行不到位，也可以有针对性地检讨一番，以便时时刻刻鞭策自己、激励自己。从实际的效果来看，在简化交易决策过程的同时，也节省了脑力的耗费，给交易者带来心安理得的平和感。

第四节

严格、规范的资金管理

资金管理是交易规则中最为关键的，其重要性无论怎么强调也不过分，这并不是简单的钱多钱少问题，实际上，很多心理压力都与之息息相关。如果能制定合理的规则并严格执行，其安全系数就会大大增强，心理压力也会由此而得到缓解。

在日本电影《赌博默示录》中，有这样一组令人心惊肉跳的镜头。有十几个债务缠身的人来到了“铁骨桥”前，带他们过来的负责人讲了游戏规则：只要他们走过去，就可以获得一大笔奖金；走不过去，就会坠下摔得粉身碎骨；或者，他们也可以选择彻底放弃，那样就又得回到地下做苦力，过着暗无天日的生活。这个“铁骨桥”的宽窄只容得下一只脚，如果是设在地面，谁都可以轻而易举地走过去；可此时却架在几十层高的两座楼之间，难度立刻就变得大不相同了。面对规则，这伙人顿时就炸了锅，他们高声痛骂着，内心充满了矛盾；如果铤而走险，他们可能会丢掉性命；如果干脆放弃，就再也没有出头之日了。这是一个千难万险的生死抉择，经过一番讨论，他们相互鼓励，找到了应该如何行进的技巧，于是开始迈步向前。结果怎么样呢？只有两个人勉强走了过去，而在最后关头，其中一个又被开启窗户时候的巨大气流吹得失去了平衡，坠下桥去。

这个场景生动地说明，承受过大的压力必然会导致心理扭曲、行为变形。我们要引以为戒，尽量避免走上铤而走险的“铁骨桥”。不幸的是，许多交易者却常常不自觉地使自己陷入险象丛生的境地，这不仅没有必要，也非常不理智。

大家都知道，期货交易的风险很大，交易者的压力也很大，可却不知道实际上有许多压力都是他们自找的。造成这种心理主要有三个原因：一是来自“急功近利”的迫切；二是来自“过分贪婪”的盲目；三是来自“急于回本”的焦灼。这三种心理又对应着四个问题，这就是：起初的资金如何运作；盈利之后怎样扩大战果；亏损之后如何稳住阵脚；暴利机会如何坦然面对？

首先，我们来讨论一下起初的资金如何运作。实际上，这也是如何选择交易品种以及交易手数的问题。期货合约不同、交易手数不同，要求的保证金不同，呈现出的风险量级也就不同。那么究竟应该选择什么品种、动用多大资金呢？这因人而异，每个人的背景不同、实力不同、耐受力不同，选择也就不同，不过，一些基本原则还是要遵守的，这就是“量力而行”，切不可只想着收益而忽略了风险。毋庸置疑，交易者给自己留下的余地越大，生存下去的概率也就越大。

起初的尝试当然要小心翼翼，盈利之后，难道不应该及时扩大战果吗？这当然是需要的，但也需要遵循一定的规则，千万不能得意忘形，如果处理不好，反而会给自己带来更大的麻烦。比如：有些交易者在交易顺利的时候马上就会尝试加仓，这种情形就像一个刚学会骑自行车的人迫不及待地想着做做花样，会将自己迅速推向危险的境地。

交易的顺利，不仅会使情绪高涨，而且还会极大地提高获利预期，许多交易者进入市场的初衷，原本就是冲着“一夜暴富”来的，已然看到盈利模式有效，又怎么可能不及时扩大战果呢？如果再循规蹈矩地按照原来的规模操盘，难免会有与当前的操作水平不匹配的错觉？于是，他们就迫不及待地想要突破一下。

然而，扩大规模绝不只是资金增加的问题，所需要的心态成熟程度也是不一样的，这对于盈亏数额的感觉也会发生一些微妙变化，大资金与小资金所要求的操作可能也会不同，越大的资金越难操作。实际上，这种顺利之后的“扩张”是一把双刃剑，如果处理不好，就有可能导致资金链断裂而走向覆灭，这在实体企业当中也是屡见不鲜的。

如果只是暂时做得顺利，赚了一些钱，奉劝交易者还是谨慎、保守一些为好。那么盈利到什么程度才能增加运作的规模呢？这其实也需要制定严格的规划，一旦制定好了，也要忠实地执行下去。如果硬要一个标准的话，起码也要在原始资金翻倍之后，才可以考虑适当增加一些头寸；盈利资金与头寸的增加，应该遵循“盈利越多，杠杆倍率越小”的原则，这才是一个能够保住胜利果实的万全之策。

与盈利相反，还有一种情形发生在做得不顺利的时候完全昏了头，就想着多加几手做做，一旦做对了，回本的速度就会快一些，这种“输红了眼睛”的情形简直就是在赌博了。在这种情形之下，猛然扩大了资金的规模，也不是绝对没有反败为胜的机会，不过很容易就把自己逼到绝路之上了。从心态方面来看，这显然就是摆出了孤注一掷、志在必得的架势，倘或不能成功，又该如何呢，难道还要继续追加资金吗？如果资金还有富余的话，估计有些交易者也会这么做的。所谓“开弓没有回头箭”，既然已经追加了资金，原本想要挽回小的损失，现在不仅没有奏效，反而雪上加霜了，又怎么可以轻易鸣金收兵呢？

这种情况下，交易者要么咬紧牙关等到损失抹平了再平仓；要么就是实在熬不住了，被迫出局；如果是后一种情况，不仅会带来资金的巨大损失，也会给心态造成沉重的打击。所以切记：亏损的时候，一旦有了加仓这个动作，就等于越过了悬崖前面的防护栏，违规者随时随地都可能坠入深渊。千万不要心存侥幸！

在没有机会的时候，通常交易者也会老老实实，一旦市场掀起了波澜，出现了千载难逢的“暴利”机会，许多交易者就会变得蠢蠢欲动，他们向往着胜利后的辉煌，有一种抑制不住的冲动，幻想着一旦成功，就可以少奋斗若干年。这种可能性不是没有，只是千万不要高估自己的能力。“暴利”机会同样也是一把双刃剑，如果把握不好，孤注一掷，遭受的损失可能叫你一蹶不振。凡事一定要有辩证的思维、全面的考虑，不能只想赚钱的痛快，而不考虑亏钱的惨痛，交易毕竟不是赌博。为此，一定要考虑清楚，哪些行情可以做，哪些行情不能做。如果不是你该赚的钱，还是看看热闹好了，千万不要勉强。

“君子不立于危墙之下”，一个人不论何种原因，将自己暴露于难以承受的压力之下，都是一种鲁莽行为。投资、投机与赌博之间，有本质的不同吗？实际上是没有的，如果一定要讲出它们的不同，那么成功概率比较大的交易，应该就是投资；随着成功概率的降低，就只能将一些交易称之为“投机”；当获胜概率极小的时候，恐怕也只能将这类交易称之为“赌博”了。赌博的结果可想而知，这简直就是把命运交给了上帝。

虽然是这么个道理，可许多交易者一旦进入这个市场，往往不玩则已，要玩就要玩得更加刺激一点的。许多事情是环环相扣的，有什么样的“因”，就会有什么样的“果”。面对市场的诱惑，交易者一定要有足够的“定力”，千万不可做墙头草。有道是：“咬定青山不放松，立根原在破岩中；千磨万击还坚韧，任尔东西南北风。”在这个变幻莫测的市场，恐怕也只有这样，才是交易者的立身安命之本。

第九章

信心重建之路

做交易就好像唐僧师徒四人需要历经九九八十一难方能取得真经一样，虽然并不复杂，但需要恪守一些基本的原则，恰恰大多数人都做不到，因为做交易所需要的心理很多都是反人性的，这就要求交易者走出自己的“舒适区”。

“凡事预则立，不预则废。”了解一下交易中会遭遇什么情况肯定是有好处的，这样就不会盲目了；假如你初出茅庐，就好像一张白纸，在没有涂抹得乱七八糟之前，尽可以认真地谋划一番；假如你饱经风霜，仍然在摸索前行，回顾一下过往的得失也没什么不好，这才能更好地前进。

第一节
从模拟盘到实盘操作，循序渐进

正式交易之前，理智的做法是一定要等到模拟盘交易能够稳定盈利之后，才能考虑实盘交易。尽管这是不言而喻的事情，可惜真正能够沉下心来做模拟交易的人却并没有几个。有好多人要么敷衍潦草地应付几下，要么干脆就直接进入实盘，这些做法都是不可取的。

交易是一件异常严肃的事情，弄不好就会招致损失惨重。好多人在现实世界，买几斤水果、买几棵蔬菜，为了几角钱、几元钱，可能都会跟人家非常较真地讨价还价。可是奇怪得很，到了交易市场，原本需要更加谨慎的，他们反而变得马马虎虎、大手大脚了起来。不得不说，很多人在这方面是非常盲目的。他们往往只是看到别人赚了钱，就也想着进来了。胡乱琢磨一通，想着想着就当真了，仿佛赚钱是唾手可得的事情。于是，抑制不住冲动就想一试身手。

很多交易者不愿意做模拟交易是因为，再怎么做也不会产生实际的收益，这种看法显然是不正确的。尽管模拟交易产生不了任何收益，不过其作用之重要，绝对是不容小觑的。通过模拟交易，交易者不仅可以在无风险的条件下，熟悉行情变动的节奏、特点，还可以借机检验一下自己的交易策略是否可行？如果你的策略在模拟交易中都无法稳定盈利，进入实盘交易肯定就更没戏了。在这种条件下，你忍住没有做实盘交易，就等同节约了一笔盲目尝试的学费。如果你的策略在一系列的模拟交易中证明确实能够稳定盈利，这就扫清了关于交易技术、交易策略方面的任何疑虑。

重视模拟盘交易的意义也正在于此。策略一旦证明能够稳定盈利，不仅解决了整个交易系统事关技术方面的问题，也可以建立起初步的信念系统。

如果要做模拟盘，就一定要认真做，绝不能敷衍了事。不能因为是模拟盘，就不自觉地降低行为的标准，否则不仅失去了模拟盘的意义，还会叫人陷入无所适从的境地。有为数不少的交易者，是不会认真对待模拟盘的；即使不能稳定盈利，他们依然还是会坚持上实盘。站在旁观者的角度，有些人肯定会感到纳闷：既然模拟盘都不能稳定盈利，又何苦要上实盘撞大运呢？别人觉得意外，交易者自己给出的理由却是十分充足。他们一厢情愿地将模拟盘失利的原因，归咎于自己态度方面的不认真，感觉自己一旦上了实盘，态度肯定会高度重视起来，这样也就不会不盈利了。这么想有一定道理，不过归根结底还是有些不太靠谱。这并不能排除策略本身也许就存在问题。

假如交易者将模拟盘成绩的不稳定，归咎于态度的不认真，那么不妨重视起来，严格地执行标准再试一试。不管怎么样，交易者都必须坚持一个原则，这就是假如模拟盘不能盈利，并且是在一段时间之内的稳定盈利，那么就不应该匆匆忙忙地上实盘。为什么还要坚持一段时间，不能只是浅尝即止呢？这样做是为了杜绝偶然获利因素的影响。

如果交易者不能安安心心地做模拟盘，上了实盘注定是凶多吉少。这一点也是可以从几个方面来加以判断的。首先这就是急功近利的心理在作祟；其次这也是缺乏克制力的一种表现。如果连沉下心来做模拟盘的忍耐力都没有，上了实盘又怎么能保证在机会还没有到来之前不会贸然交易呢？最后这也是一种不理智的行为。在没有确切把握的时候，就迫不及待地上实盘，说明这位交易者原本就是一个赌性十足的人。这些因素统统都不利于交易，都是应该极力克服的。

把功夫练好了，练得再扎实一些，有什么不好呢？俗话说，“磨刀不误砍柴工”。交易者应该抑制住自己的盲目冲动，不仅应该认真做模拟盘，还应该把模拟盘当作一种心态的磨炼，在这方面，不仅不能降低标准，反而要更加严格地要求自己。只有做到这一点，在心态方面才能占据相对的“制高点”。

通过了模拟盘的检验，进入到实盘交易，这个时候，是不是就可以视为胜利在望了？恐怕还为时过早。模拟盘毕竟不同于实盘，很难带给交易者真正实战的感受，这就需要适应性地过渡一下。如果一个人身体素质不好，跑不了多远，就会上气不接下气了。与之类似，如果交易者的心理素质不好，坚持不了几个回合也会感到心烦意乱、手足无措的。初出茅庐的交易者，心理通常总是敏感而脆弱的，无论输赢都会对他们造成非同一般的影响。

初上实盘，许多交易者往往稍有盈利，情绪就会变得高涨起来，在雄心壮志的驱使下，就急着想要大展宏图了。这就难免懵懵懂懂地陷入危险的境地而不自知，这个时候如果不适时加以限制，不仅会将辛辛苦苦赚来的钱回吐出去，还可能倒亏不少。这种得而复失往往会造成更大的心理冲击。不能把胜利成果定格下来，将会是最大的遗憾。为了防止出现这种现象，交易者一定要量力而行，懂得适可而止。

实盘过渡不同于实盘。为了顺利度过这个阶段，交易者有必要为此制定出明确无误的目标，这个目标只能是行为的规范，而绝不应该是盈利的数额。在制定了目标之后，交易者还要时时刻刻检点自己的视角有没有偏离这个目标，应该明确一个原则：只要完美地执行了既定的方案，那么不论结果如何，都算圆满地完成了任务。这样做，对心态调节肯定是有好处的，能够在一定程度上缓和由于盈利与否而患得患失的情绪波动。

在这个阶段，如果交易不顺遭遇了亏损，一定要暂停下来，无论亏多亏少，先不要急着把亏损弥补回来。尤其是在亏损数额比较大的时候更应该适时中止交易，休整的时间也要更长一些。做交易始终应该保持情绪的平和、稳定，一旦急着回本，就会打破心态的平衡，陷入更加危险的恶性循环的概率就会由此增大。

不要急，慢慢来，不论盈利也好，亏损也罢，都要控制在一定的范围，为了培养良好的心态，这个阶段都有必要浅尝即止。起初磨合十天半个月只做几笔交易，等到有了可观的盈利积累后再尝试开始做半天交易；再过些日子，有了更多垫底的盈利，心态自然也会变得更加自信、强大起来，这时候再彻底放开，开始做一整天的交易。

若在一段相当长的时间之内交易者都没有任何违规行为，也没有亏损，甚至还略有盈利，说明他已经步入了正轨。假如在此期间“守规矩”几乎已经成为了他的习惯，那么当他放开来做的时候，可能就要一飞冲天了。

这个过程其实也是充满了悖论的：越想着突破，可能越是“欲速则不达”；相反，自始至终都能一步一个脚印地走，也许用不了多久就可以登堂入室了。

第二节
实盘交易的心理考验

无论是否做足了功课，总有一天交易者都会上实盘的，这是一个重要的节点——终于要实打实地开战了。总体来说，不论模拟盘做得有多好，到了这个阶段，依然还是会感到很多不适应的。

上了实盘，交易者最大的心理变化就是对于盈亏过于敏感：既有来自盈利之后的激动，也有来自亏钱之后的烦恼，更有来自得而复失之后的遗憾。这种情绪的敏感可以控制吗？其实很难。只有经过时间的沉淀，心态才会慢慢变得平和下来。

在交易者的心态变得“麻木”之前，不论盈亏都会给他们的心理造成巨大的冲击，这种感觉是内在的，与人品没有任何关系，只与个人的过往经历相关，外在的表现也各有千秋，有的人可能会不动声色，有的人则会直接表现在脸上。如此一来，盈利之后的“得意忘形”对大多数人来说注定也难以避免。有些交易者一旦盈利了，尤其是赚了大钱，走路的姿势、说话的口气、脸上的表情都会变得跟以前大不一样，他们就像油条一样，一经下锅顿时就变得膨胀起来，这时候，他们忍不住就想跟别人说道说道，这就跟有些暴发户忍不住就想“花式”炫富一样。如果不让别人知道，就会憋得难受。

在心态还不成熟的时候，大多数交易者遭遇“获利回吐”将会是大概率事件。在一个既可以“先买后卖”也可以“先卖后买”的市场，赚钱其实并不困难，难的是如何将胜利果实保存下来。如果没能如愿地将胜利果实保存下来，得而复失的心理还能回到原点吗？当然不可能。大多数交易者并不会“当一切都没有发生

经过一番努力，当天的结果是盈利的，交易者对第二天的交易就会感觉更加有把握一些；如果第二天也是盈利的，第三大的感觉就会更好；这个势头一直保持下去，自信心的重建其实也是非常快的。千万不要小瞧微小盈利的累积，看似不显山漏水，只要保持稳定，用不了多久，同样也能引发本质意义的突破。不幸的是，许多交易者真的就是“给点阳光就灿烂”，一旦连续盈利几天，自信心马上就会膨胀起来，接下来的肆意妄为、贸然进取往往就会招致大的亏损，这样也就前功尽弃，彻底中断了心态逐渐向好的势头。

在交易中，亏损总是难免的，即使中间有个别交易日遭遇了亏损，只要不亏大，也无伤大雅。最可怕的一种情形是业绩与心态经历异常缓慢地爬升后，却在曙光乍现的时候由于一时疏忽，遭遇到了坠崖似的“大跳水”。这种打回原形的遭遇，对心态的伤害是非常大的。不幸的是，对一些交易者来说，这个过程是要反复经历多次的。直到有一天他们彻底觉悟，或者在一次重大亏损之后被淘汰出局，这个轮回才会终结。

心态的监控，是一个贯穿始终的过程，并不会因为新手、老手而有所差异。新手控制的密度要偏紧一些，这对他们尽快适应实盘是大有裨益的；对老手来说，可以适当地从宽一些，但也要有个底线。否则自恃实力雄厚、技艺超群，也会在连续亏损或者巨额亏损的打击下找不到方向的。不要以为这是危言耸听，许多曾经取得过辉煌成就的交易者后来就是这样从舞台上彻底消失了。前者考验的是突破困境的智慧，后者考验的是持之以恒的谨慎。

第四节
自信的恢复重建

做实盘交易必须有自信心，这是一种对于整体结果的把握感，对交易者来说，一旦拥有自信，就会情绪平稳，同时充满了灵感与创造力，这种感觉就是米哈里·契克森米哈赖所说的“心流”。这是指我们在做某些事情时，那种全神贯注、投入忘我的状态；处于这种状态下，你甚至感觉不到时间的存在；在事情完成之后，我们会有一种充满能量并且非常满足的感受。其实很多时候我们在做自己非常喜欢、有挑战并且擅长的事情的时候，就很容易体验到这种愉悦。

假如没有自信，那么“人心怯则智勇竭，若使强战，必败之道也”。事实上，不论当初的想法如何，大多数上实盘的交易者，起步之初应该也都或多或少有一些自信心的，否则也不会贸然进入实盘，只不过这个时候的自信心仍然具有一定的盲目性，同时也是不堪一击的。由于这种自信心还没有经过实盘的检验，注定只能是“纸上谈兵”。

随着实盘交易的深入进行，这种没有实力作为支撑的自信就好像捧在手掌里的水，十之八九会消耗殆尽，交易者势必陷入“进退两难、举止失当”的境地而不能自拔。这个时候，适时的放弃未必不是一种彻底的解脱，如果有人确实这么做了，这种“知难而退”的行为也并没有什么不好。如果有人并不死心还要继续坚持下去，最终要想走出谷底就必须经过一番心态的调整，只有重新恢复了自信，才有浴火重生的可能。

我们怎样见证这个过程呢？心态是看不见、摸不着的，只有通过行为，产生出一定的结果才能鉴别其优劣。既然这样，我们也可以将业绩水平的高低作为衡量自信心水平的一把标尺，如此一来，积累业绩的过程实际上也就与培养自信心的过程合而为一了，这样就把一种虚无的东西，转化为有形可见的东西。

到底是自信心催生了良好的业绩，还是良好的业绩助长了自信心？事实上，这两者之间是共同进退、互为因果的关系。在交易过程中，心态会直接影响到交易结果；反过来，交易结果也会影响到心态，从而形成一个相互影响的系统，不断地循环往复下去。这个过程既可以是良性的，也可以是恶性的。由于大多数交易者的心态不成熟，因此陷入恶性循环的可能较之于良性循环要大得多。

那么，如何打破这种恶性循环呢？这也需要讲究一些策略才行。有句古话说的是“强弩之末，矢不能穿鲁缟。”假如一个交易者遭受了重创，面对变化莫测的行情已经全然失去了勇气，剩下的只有恐惧，那么再勉强撑下去就非常不明智了。这一仗打败就是打败了，交易者首先应该接受这个事实，不管有多么遗憾与不舍，也要暂时退出战场。绝不能像个失恋的倒霉蛋那样，一味地死缠烂打，一定要“拿得起、放得下”。

来个“断舍离”是绝对必要的，这就好像有些武侠小说里描写的那样，一旦胳膊中毒了，不管愿意不愿意，都要尽快砍掉自己的胳膊，否则毒液蔓延全身就彻底完蛋了。断臂了结之后，还要给自己设置一个“疗伤期”。在此期间，暂时做些不相干的事情，既可以钻研一下哲学，也可以学着别人念念佛经……总之爱干啥干啥，就是别去接近交易。

需要强调的是，这个“疗伤期”的时间，应该足以抚平内心的伤痛，否则还是难以脱离原有的“窠臼”。这就好像一名小学生，要想彻底改变自己的负面形象，通常在一个学期里面是很难奏效的。因为时间基本上是连续的，尽管中间也有假日，不过实在过于短暂，这样同学、老师对待他的态度、对他的看法，也就基本上是连续的；他要想做出一些改变，不只是别人，恐怕连他自己也会感觉十分突兀的。这种旨在重塑形象的转变，非得经过一个寒假、暑假，甚至经过一个“小升初”“初升高”这样的间隔才能顺利展开，因为只有这样才能有效地阻断既往行为、习惯的连续性。

随着时间的推移，当“伤口”已然愈合，情绪也变得平和下来时，就该反省一下了。如果必要，交易者可以重新梳理一下“交易的本质”，重点是认清自己，如了解自己的性格缺陷、能力极限等等。既然交易者已经遭遇了惨败，想必已经打消了一些不切合实际的幻想，如果说：过去的失败有什么价值，那它的价值就在于可以使人变得更加理智一些。

不论多么宏伟的建筑，都必须构建坚实的基础。舍此之外，绝无成功的可能。站在浦西的外滩，往陆家嘴方向眺望，可以看到混迹于林林总总的高层建筑之中，有一幢楼最高，造型也最为特别，它是一幢螺旋扭曲的建筑，这就是上海中心大厦，高 632 米，整体建筑重达 80 万吨，接近 70 个埃菲尔铁塔的重量。令人称奇的是，这样的庞然大物却是建立在一片软土层之上的。我们知道，上海地处长江入海口的冲积平原，地质勘探表明，地面以下 280 多米都是含水量极高的软土层。如果无视这种恶劣的地质条件，硬要在上面建筑如此之高的建筑物，就会像往豆腐上面放上一件重物一样，立刻就会轰然倒塌下去。为了解决这个问题，工程技术人员首先要往这层软土里面打进 955 根基桩，这些基桩可与软土层产生摩擦力，然后在这些基桩上面再浇筑一层厚实的混凝土地基，整个大厦就可以坚如磐石了。

与之类似，交易者也必须将自己的交易体系建立于“真实”的基础之上，而不是建立在虚幻的自我世界里。“现实”不动声色地站在那里，不远也不近。它并不会因为交易者的主观看法而改变。尽管现实具有残酷的面目，看上去也并不美好，不过它的巨大价值正在于它的真实。不管现实多么严酷，交易者都要接受、都要面对。只有立足于这个基础，才有成功的可能。认清现实、认清自己，才不会失之盲目。否则，自欺欺人是不可能有出路的。

如果以往的对自己的认知不清，交易者就需要痛下决心，转变交易观念了，这就需要打破旧的思维秩序，这当然也不是一个轻松的过程。认清现实并不可怕，所需要的只不过是一个适应过程。

如果你确实改变了，当再次实盘交易的时候则要循序渐进、戒急用忍。在这个过程中，交易者需要将注意力的焦点锁定在“规则”上，刻意地将自己的一举一动纳入规范，绝不越雷池一步；只有这样，经过一段时间的历练，随着业绩的积累，自信心才会逐渐恢复，原先存在于内心的冲突才会慢慢冰消瓦解；进一步地，当一切都习惯成了自然，交易者也就不再会有任何心理困扰了。

后 记

由于非理性，人难免会存在心猿意马的状况，在交易中更是如此，各种各样的想法、情绪常常纷至沓来，有的是和谐统一的，也有对立冲突的，如何才能保持心如止水的“定力”？这就需要事先制定一套严格而又合理的行为规范，如此方能“以不变应万变”。

规则有了，还需要交易者的坚决执行。其中关键在于“知行合一”。王阳明认为：知与行其实是一个功夫的两面，知中有行、行中有知，二者不能分离，也没有先后；他强调意识作用的结果，认为一念发动处即是行。这种看法，在今天看来，虽然存在一定局限性，但对于现代的交易而言还是非常具有启发意义的。

由于计算机技术的进步、互联网的普及，交易已经变得非常便利了。坐在电脑前，交易者如果想做交易，只需点点鼠标、敲敲键盘瞬间就可以完成了。如此的快捷，以致“一念之差”常常就会导致“谬以千里”的后果。从这个角度来看，交易者一系列的买卖，基本上也就是意识的流动了。

换句话说：“执行不力”的问题，其实并非执行的问题，依然还是交易者主观性的认识偏差所致。如果交易者真正领悟了交易的本质，完全按照交易系统和交易规则操作，就不会发生执行不到位的情形了。无庸置疑，想要达到如此境界，交易者需要将交易的本质、策略的规则反反复复进行梳理，直到发自内心地信服为止。唯有这样，才能做到意识与行动的高度统一。

希望本书能给交易者带来一些有益的帮助，祝愿所有的交易者能够针对自己的交易心理设计出合理的应对策略，认真执行到位，达到理想的目标，早日成为财务自由之人。

2021 年 3 月 10 日于上海